이 책을 통해 타인의 인생을 들여다보는
짧은 순간만으로도 변화가 시작될 수 있다고 믿는다.

그 변화의 순간이 당신에게 닿아,
당신이 진정 원하는 것을 이루는 데 작은 힘이 되기를 진심으로 바란다.

PROLOGUE

우리의 매일 수많은 선택 속에서 살고 있다. 눈을 뜨는 순간부터 하루를 마무리하는 순간까지, 작은 결정들부터 삶을 바꿀 큰 결정들까지 이어진다. 사람들은 원하는 걸 이루기 위해 노력하고, 목표를 세우라고 말한다. 하지만 진짜 내가 원하는 게 무엇인지 고민하는 법은 잘 알려주지 않는다. 그저 남들이 걸어온 길을 따라가는 게 익숙해질 뿐이다. 그래서 가끔은 멈춰서 생각해 볼 필요가 있다. 지금 내가 가고 있는 길이 진짜 원하는 길인가? 아니면 그냥 남들처럼 살고 싶어서 걷고 있는 길인가? 정말 내가 원하는 건 뭘까? 이 질문은 내 삶의 방향성을 찾는 데 가장 중요한 시작점이다.

이 책은 자기 계발서가 아니다. '나'라는 인간의 특별하지 않은, 어쩌면 평범한 삶 속에서 내가 만난 사람들, 그 안에서의 경험들이 내 안에 남긴 흔적들을 담고 있다. 대단한 성공을 이야기하거나, 남다른 이야기를 전하려는 것이 아니다. 오히려 아주 작은 순간들, 평범해 보이는 하루하루에서 발견한 소중한 깨달음들을 나누고 싶었다. 인간은 누구나 저마다의 방향을 찾고자 한다. 누군가는 선명한 목표를 가지고 걸어가지만, 또 다른 누군가는 방향을 잃고 헤매기도 한다.

나 역시 방향을 잃고 헤매는 후자에 가까운 사람일지도 모른다. 그래서 나는 내 삶의 의미를 찾기 위해 '카피(COPY)'라는, 단어에 마음을 담아왔다. 그 작은 단어 속에 내가 겪어온 경험들이 하나하나 새겨졌고, 그 흔적들이 내 선택의 방향이 되어 왔다.

이 책이 누군가에게 작은 도움이 되거나, 아니면 그냥 지나쳐 버리는 한 권의 책으로 남을지 모른다. 다만 이 책을 통해 타인의 인생을 들여다보는 짧은 순간만으로도 변화가 시작될 수 있다고 믿는다. 그 변화의 순간이 당신에게 닿아, 당신이 진정 원하는 것을 이루는 데 작은 힘이 되기를 진심으로 바란다.

당신은 무엇을 원하는가?
내가 던진 이 질문이 당신 마음속에 작지만, 깊은 물결을 일으키기를.

―

무엇을
원하는가?

1. 무엇을 원하는가?

2. WHY 카핑인가?

카핑하라 개척자의 마음으로. 3
카핑의 의미는 '새로움이다.' 5
카피의 끝에서 나를 발견하다. 7
유(有) + 유(有) = 무(無). 10

3. 창의적 관점

창작자의 눈 관찰하는 습관. 13
열정은 손끝에서 탄생한다. 16
내 삶이 곧 예술이다. 19
세상에 쓸데없는 정보란 없다 21
나의 아이디어 정원. 23
덧붙이는 용기. 25
끄적이 보관함. 27
짝사랑 멘토. 30
멍 때리기와 빈둥거림. 33
더하기보단 빼기. 35
과정은 늘 난장판. 37

4. 실천적 변화 관점

사실 우리는 이미 준비되어 있다. 41
가짜로 시작해 진짜가 되다. 44

기대지 말고 직접 만들어라. 47
쓸데없는 경험. 50
인정욕구 비판도 인정이다. 53
안정적인 이중생활. 55
때론 다큐가 더 매력적이다. 57
하루를 기록하다. (하루록) 59
나는 오렌지를 찍어 올렸다. 62
유명이 아닌 무명을 즐겨라. 65
너의 이름은? 68
나만의 개똥철학. 72
선택과 운명. 75
잘못된 판단. 77
꿈과 목표. 80
경력자와 비경력자. 84
초점(焦點). 87
그냥 하다 보면. 90
이별 감정 = 변화 감정. 93
관심도(關心度). 96
스토리로 마음을 움직여라. 99
스토리가 작품이다. 101
문제를 만들지 않는게 가장 큰 문제. 104
너나 잘하세요 말고, 나나 잘하세요. 107
아끼다 똥 된다. 109
생각의 끈 집착(執着) 111
나만의 비밀 연습. 114

5. 한계적 관점

지하 4평 공간에 나를 감금하다. 117
사람은 못하는 게 없다. 120
내 안의 '관종'을 깨워라. 123
하기 싫은 노력. 125
간절함! 타고나는 것인가? 128
작은 포기, 큰 포기. 132
무능한 내가 변화되었던 과정. 134
체력이 곧 열정이다. 137
슬럼프 139
매번 바뀌었다. 141
아마추어리즘. 144
청춘(青春) 상태. 147
증명할 기회. 150
피어나는 시기. 153
사람의 의지가 기적을 만든다. 156
기적은 기도가 아닌 행동으로 만드는 것이다. 159
죽음과 삶 그 경계 어딘가 162
나의 한계(限界). 165
나는 나다. 타겟 속에서 '나를 외치다.' 169
히든 메시지. 173
이중인격(二重人格). 177
변화의 시작은 불편함이다. 181
제 직업은 '악플러'입니다. 184
마감되었습니다. 188
잠들어 있는 꿈. 192

6. 관계적 관점

고독한 천재의 시대는 끝났다. 197
호칭의 무게. 199
누구와 어울리고 있는가? 201
능력자들 주변에 머물러라. 204
팬의 입장에서 경청하라. 207
무슨 일 하세요? 210
무료는 행동을 부르지만 기부는 마음을 부른다. 213
지켜라! 약속! 215
당연하다고 생각하는 순간. 관계는 무너진다. 219
성장을 막는 그림자. 222
양날의 검 조언(助言). 225
다시 일어서는 힘. 칭찬의 힘. 228
난 당신을 기억합니다. 231
한 사람의 힘. 235
히어로가 나타났다. 238
진실(事實). 241
기존쎄 테스트 '나는 기가 쎈 사람.' 244

7. 변화적 관점

모든 과정은 자기 자신을 위한 것이며. 모든 성장의 시작은 어제의 나를 뛰어넘는 것이다. 249
지나고 나면. 252

변화 없는 반복은
성장 없는 정체와 같다,

Why?
카핑인가,

단순히 결과를 만들어내는 것이 아닌 창조적인 흔적들을 남기며,

스스로를 성장시키는 과정.

이 과정의 중심에 있는 것이 바로 '카핑(Copying)'이다.

카핑하라, 개척자의 마음으로

많은 사람들이 삶의 순간마다 '무언가를 완성하고 싶다.'라는 열망을 품고 살아간다. 그 완성은 때로는 아주 작은 변화에서 시작되며, 또한 새로운 길을 개척하는 도전 속에서 발견된다. 여기서 중요한 것은, 단순히 결과를 만들어내는 것이 아닌 창조적인 흔적들을 남기며 스스로를 성장시키는 과정이다. 이 과정의 중심에 있는 것이 바로 '카핑(Copying)'이다.

카핑은 피상적인 모방에 그치지 않는다. 그것은 본질을 이해하고, 나만의 방식으로 재해석하는 능력이다. 이는 단순히 모방하는 차원을 넘어, 세상을 바라보는 새로운 시각을 배우고, 창조의 근본적인 동력을 깨우는 과정이다. 카핑은 단순한 기술이 아니라, 우리 안의 잠재력을 깨우는 촉매이다.

카핑은 자신이 하는 일의 깊은 의미를 깨닫고,
그 안에 내재된 가치를 발견하는 것을 가능하게 한다.
이것이 바로 카핑의 첫 번째 단계이다.

카핑의 의미는 '새로움이다.'

오늘날, 수많은 사람들은 성공적인 창조와 혁신을 원한다. 하지만 진정한 창조는 어디에서 시작되는 걸까? 그 답은 기존의 틀을 해체하고 본질을 파악하는 것에 있다. 카핑은 자신이 하는 일의 깊은 의미를 깨닫고, 그 안에 내재된 가치를 발견하는 것을 가능하게 한다. 이것이 바로 카핑의 첫 번째 단계이다. 남들이 이미 이루어 놓은 것을 이해하고, 그것을 나만의 시선으로 재구성하는 과정은 창조의 가장 기본적인 원동력이 된다.

카핑의 의미는 '새로움'이다. 그러나 이 새로움은 어디선가 갑자기 떠오르는 것이 아니다. 그것은 기존의 재료를 다루는 새로운 방식에서 시작된다. 사람들은 무언가를 만들어 내는 데 필요한 모든 것을 이미 가지고 있다. 그 재료들을 어떻게 다루느냐에 따라 전혀 다른 결과물이 탄생하게 된다. 이 과정, 즉 기존의 재료를 가공하고 재구성하는 방식이 바로 카핑의 핵심이다.

카핑은 단순한 모방이 아니다. 그것은 기존의 것을 탐구하고, 그 속에 있는 깊이를 파악하여 자신만의 방식으로 표현하는 예술적 과정이다. 이는 기술적인 훈련과 분석의 경계를 넘어서며, 창조적 감각을 길러내는 과정을 의미한다. 카핑을 통해 우리는 자기만의 예술적 정체성을 찾아가게 되며, 나만의 길을 개척하는 용기를 얻게 된다.

그것은 단순한 '반복'이 아닌, 새로움을 발견하고, 표현하고, 나만의 것으로 만드는 과정이다.

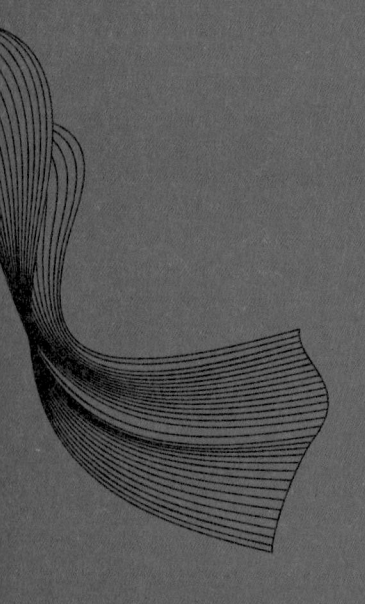

내가 존경하고 사랑하는 것을 따라가다 보니,
완벽하지는 않더라도 어느새 내 안에 그 사람들의
색깔과 감성이 자연스럽게 스며들어 있었다.

카피하고,
카피하고,
카피하라.

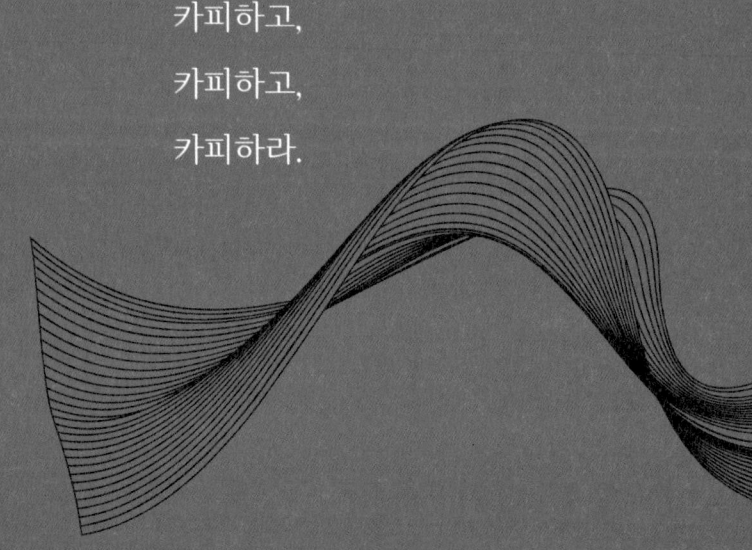

COPY COPY COPY COPY COPY COPY COPY
COPY COPY COPY COPY COPY COPY COPY
COPY COPY COPY COPY COPY COPY COPY
COPY COPY COPY COPY COPY COPY
COPY COPY COPY COPY COPY COPY
COPY COPY COPY COPY COPY COPY
COPY COPY COPY COPY COPY COPY
COPY COPY COPY COPY COPY COPY
COPY COPY COPY COPY COPY COPY
COPY COPY COPY COPY COPY COPY
COPY COPY COPY COPY COPY
COPY COPY COPY COPY COPY
COPY COPY COPY COPY COPY
COPY

카피의 끝에서 나를 발견하다.

● ING

창의성을 기르고 나만의 길을 찾기 위한 가장 강력한 방법은 바로 카피다. 여기서 말하는 카피는 단순한 모방이 아닌, 배우고 익히기 위한 실습이다. 훌륭한 사람과 작품을 따라 해보는 과정을 통해 창의력과 나만의 색깔을 발전시킬 수 있다.

사랑하는 것을 따라 해보라.
먼저, 내가 정말 좋아하고 영감을 받는 사람의 작업을 그대로 따라 해보자. 예를 들어, 좋아하는 작가의 작품을 보며 그대로 그려보는 것이다. 나도 예전에 드래곤볼 작가의 그림체가 너무 좋아 먹지를 대고 그대로 따라 그려본 적이 있다. 그리고 존경하는 사람의 말투가 매력적이어서 그 말투와 언어를 따라 하기 시작한 적도 있다. 내가 존경하고 사랑하는 것을 따라가다 보니, 완벽하지는 않더라도 어느새 내 안에 그 사람들의 색깔과 감성이 자연스럽게 스며들어 있었다.

카피의 대상과 목표 설정하기
누구를 카피할지 정하라. 존경하고 닮고 싶은 인물을 선택해 보자. 그들이 어떤 영감을 주는지, 그들의 작품이 어떤 메시지를 전달하는지 깊이 생각하는 게 중요하다.

무엇을 카피할지 정하라. 단순히 겉모습을 흉내 내는 것이 아니라, 그들의 작품을 통해 사고방식과 정신세계에 접근해 보자. 그들이 세상을 바라보는 방식을 배우는 것이 카피의 핵심이다.

다양한 사람을 탐색하며 나만의 스타일 찾기

한 사람만을 따라 하면 그 사람의 그림자에 머물기 쉽다. 그러나 여러 사람에게서 배우면 각기 다른 시각과 접근 방식을 통해 나만의 독창성을 발견할 수 있다. 다양한 창작자의 작업을 카피하면서 그들의 강점과 철학을 흡수해 보자. 이렇게 다양한 영향을 받아들인 끝에 나만의 색이 빛나게 된다.

카피의 최종 목표는 단순히 그들처럼 보이는 것이 아니다. 우리는 완벽히 똑같이 따라 할 수 없기에, 오히려 그들처럼 보이면서도 나만의 스타일을 완성하게 된다. 겉모습을 따라 하는 데 그치지 않고, 그들의 깊은 사고와 세계관을 이해하면서 그 안에서 나만의 길을 찾아가는 것이다.

'카피하고, 또 카피하고, 계속해서 카피하라.' 이 과정에서 무수히 반복되는 카피의 끝에 결국 나만의 색깔이 드러나기 시작할 것이다.

유(有) + 유(有) = 무(無)

'유(有)와 유(有)가 만나면 무(無)가 된다.'

무(無)는 소멸이 아니라,
새로운 유(有)를 창조하는 출발점이 된다.

그 안에서 카핑은 흐름을 읽고 조화를 만들어내며,
새로운 유(有)를 창조하는 가장 완벽한 과정이다.

창의적 관점

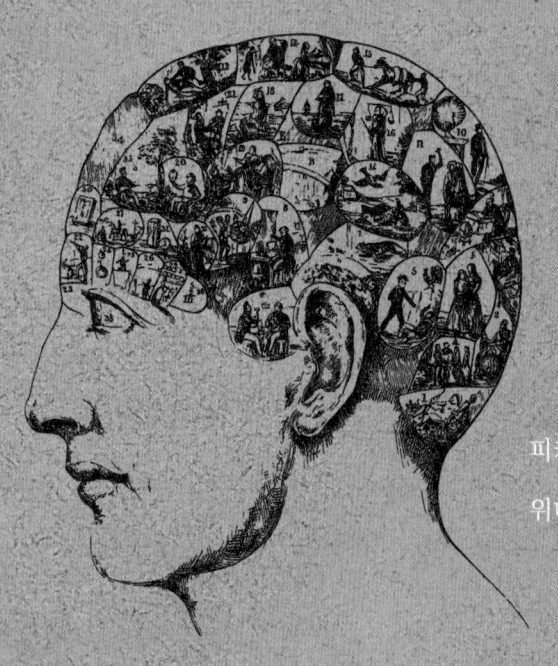

피카소는 '좋은 예술가는 모방하고,
위대한 예술가는 훔친다.' 라고 말했다.

예쁜 것을 볼 줄 아는 능력을 기르기 위해
필요한 것은 꾸준한 관찰의 습관이다.

창작자의 눈 관찰하는 습관

많은 사람들은 창의적인 아이디어가 어떻게 생기는지 궁금해한다. 피카소는 '좋은 예술가는 모방하고, 위대한 예술가는 훔친다.'라고 말했다. 여기서 '훔친다'는 것은 단순히 베끼는 것이 아니라, 주변을 깊이 있게 관찰하고 자신만의 시각으로 새롭게 해석하는 과정을 뜻한다.

나는 강의 때 '예쁜 것을 볼 줄 아는 사람이 디자이너가 되어야 한다.'라는 말을 자주 한다. 여기서 예쁜 것을 본다는 것은 단순히 겉모습을 보는 게 아니라, 그 안에 담긴 형태와 감정을 읽어내는 능력을 의미한다. 디자이너 중에서도 같은 경력을 가졌지만, 어떤 이들은 커트가 끝난 후 드라이했을 때 어떤 형태든 너무 예쁘게 만들어내는 디자이너가 있는 반면에 어떤 디자이너는 드라이했는데 드라이 전이 더 예뻐 보이는 경우도 있다. 이는 경력과 기술력의 차이가 아닌 예쁜 것을 볼 줄 아는 눈을 갖고 있느냐에 따른 차이이다.

예쁜 것을 볼 줄 아는 능력을 기르기 위해 필요한 것은 꾸준한 관찰의 습관이다.

창작자들은 이 관찰을 통해 창작자의 눈을 키우기 위해 세상을 조금 다르게 본다. 그들은 일상의 사소한 순간들 속에서도 특별한 의미를 발견한다, 예를 들어 가을에 떨어지는 낙엽, 사람들의 표정, 하늘의 미묘한 색감 변화 속에서도 새로운 영감을 찾아낸다. 이렇게 작은 것들을 새롭게 바라보고 해석할 때 독창적인 아이디어가 자연스럽게 떠오르게 된다.

관찰은 하루아침에 완성되는 능력이 아니다. 매일 조금씩 주위를 살피고 세심하게 관찰하는 연습을 통해 창의력은 점차 깊어진다. 천천히, 그리고 세심하게 세상을 바라보면, 그동안 보이지 않았던 것들이 어느 순간 눈에 들어오기 시작하고, 그때 비로소 창작자의 눈이 열린다. 창작은 눈에 보이는 것을 그대로 받아들이는 게 아니라, 거기에 상상과 해석을 더 해 새로운 가치를 만들어내는 과정이다. 일상 속의 작은 순간들을 새롭게 바라보고, 그것을 창의적인 아이디어로 발전시키는 과정이 반복될 때 우리는 자연스레 창작자의 눈을 갖게 된다. 아이디어를 억지로 찾아낼 필요는 없다. 세상은 흥미롭고 가치 있는 순간들로 가득 차 있고, 오늘 보이지 않았던 것이 내일은 새로운 모습으로 다가올 수 있다. 중요한 것은 열린 마음으로 매일 꾸준히 관찰하는 습관을 기르는 것이다. 모든 순간이 당신의 시선을 기다리고 있으며, 일상 속 작은 것들이 창작의 씨앗이 될 수 있다.

매일 꾸준히 관찰하고 새로운 시각으로 세상을 바라보라. 그러면 일상 속에서도 특별한 아이디어가 자연스럽게 떠오르게 될 것이다.

창의성은 가끔 화면 밖으로 나와 손끝으로 느끼는
그 작은 촉감에서부터 시작될 수도 있다는 사실을 기억하자.

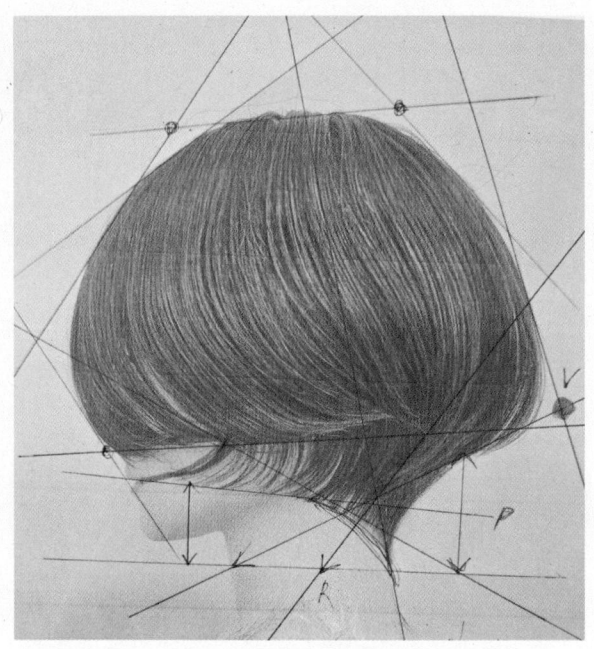

열정은
손끝에서 탄생한다.

디지털 시대에 우리는 창작 활동조차 화면 속에서 이루어지는 경우가 많다. 하지만 손끝으로 느끼는 감각적인 경험, 스케치북에 펜을 쥐고 직접 무언가를 그리거나 적는 순간, 아이디어는 끝없이 뻗어 나가며 자유로워진다. 화면에 갇혀 있는 아이디어와 달리, 종이에 펼쳐진 스케치는 구속받지 않고 다양한 가능성을 품어낼 수 있다.

예를 들어, 많은 디자이너가 아이디어의 초안을 스케치북에서 시작하는 이유가 있듯이, 손끝에서 느껴지는 종이의 질감, 펜이 지나가며 남기는 흔적, 그리고 눈앞에 펼쳐지는 생각의 흐름이 모여 자연스레 창의적 아이디어를 불러일으킨다.

손으로 쓴 작은 메모와 드로잉들은 제한 없는 상상의 씨앗이 되어, 컴퓨터로 표현할 수 없는 감각적이고 깊이 있는 창작물을 만들어낸다. 스케치북에서 구체화한 아이디어는 디지털로 옮겨져 더욱 체계적으로 다듬어질 수 있었다. 요즘 많은 작가나 아티스트가 먼저 손으로 아이디어를 풀어내고, 그 감각을 바탕으로 디지털 작업에 몰입하는 방식을 선호한다. 디지털은 완성된 작품을 세상에 알리는 훌륭한 도구가 되어주지만, 창의성의 첫 단계에서는 손끝에서 직접 느끼고 그려보는 과정이 필요하다. 결국 창작의 여정에서 손끝의 감각은 단순한 도구 이상의 역할을 한다.

스케치북에서 자유롭게 뿌려진 아이디어는 방향을 잡아주고, 이를 디지털로 옮겨가며 더욱 정교하게 다듬어진다. 창의성은 가끔 화면 밖으로 나와 손끝으로 느끼는 그 작은 촉감에서부터 시작될 수도 있다는 사실을 기억하자.

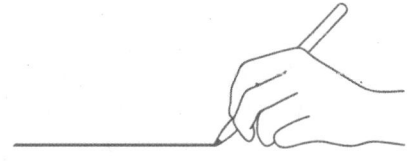

내가 사랑하는 모든 것들이 결국 내 일부가 된다.
주변에서 얻은 작은 조각들이 모여 나라는 색을 만든다.

결국, 내 삶은
내가 선택한 경험들로 이루어진 예술이다.

내 삶이 곧 예술이다,

새로운 아이디어가 완전히 독창적일 수 없는 이유는 우리가 경험한 모든 것들이 겹겹이 쌓여 하나의 결과물로 나타나기 때문이다. 빨간색과 파란색을 겹치면 보라색이 되고, 파란색과 노란색을 겹치면 초록색이 되는 것처럼, 아이디어도 여러 요소가 만나 새로운 형태로 나타난다. 그저 한 가지 색이 아닌, 서로 다른 색들이 만나 만든 독특한 빛깔이 되는 것이다. 한 사람의 삶도 마찬가지다. 어릴 때 읽었던 책, 즐겨 들었던 음악, 그리고 존경하던 사람들의 말들이 층층이 쌓여 지금의 나를 만든다. 이런 경험들은 단순한 요소들의 합이 아니라, 나만의 방식으로 재해석된 고유한 결과물이다. 우리는 이 모든 것들을 자유롭게 선택할 수 있다. 어떤 사람과 시간을 보낼지, 어떤 책을 읽고 어떤 음악을 들을지, 모든 것이 내 선택이다. 가끔 자주 가는 작은 카페에서의 짧은 대화가 큰 영감이 될 수도 있다. 그곳의 분위기와 순간들이 쌓여 새로운 생각을 만들어내는 재료가 된다. 내가 사랑하는 모든 것들이 결국 내 일부가 된다. 주변에서 얻은 작은 조각들이 모여 나라는 색을 만든다. 그 작은 순간들, 사람들과의 사소한 대화, 무심코 지나친 일상 속의 경험들이 하나하나 쌓여 나만의 색을 갖게 되는 것이다.

결국, 내 삶은 내가 선택한 경험들로 이루어진 예술이다. 주변의 영향들이 겹겹이 쌓이며 세상과 연결되는 동시에, 나만의 고유한 무언가를 만들어낸다.

그것이 당신이며 당신의 삶은 곧 예술이다.

세상에 대한 호기심을 잃지 말고,
스스로 알아서 공부하는 법을 익혀라.

다른 사람의 답을 기다리기보다,
내가 먼저 나에게 질문하고 찾아가는
과정에서 진정한 배움이 이루어진다.

세상에 쓸데없는 정보란 없다.

정보를 찾아보는 습관을 들여보자. 이유 없이 이것저것 검색하는 즐거움을 느껴보자. 꿈에 대한 고민이든, 지금 마주한 문제든 검색을 통해 찾아보자.

꼭 답을 찾기 위해서가 아니라, 그 과정 자체에 의미가 있다.

질문하기 전에 두려워하지 말고 먼저 검색부터 해보자. 의외의 곳에서 새로운 생각의 실마리를 발견할 수도 있고, 내가 몰랐던 새로운 사실들이 하나둘씩 머릿속에 각인될 것이다. 세상에 대한 호기심을 잃지 말고, 스스로 알아서 공부하는 법을 익혀라.

다른 사람의 답을 기다리기보다, 내가 먼저 나에게 질문하고 찾아가는 과정에서 진정한 배움이 이루어진다.

==중요한 것은 단지 결과가 아니라, 그 과정에서 얻는 경험과 지식이다.==

모든 정보는 다 가치가 있다. 그 정보들이 당장 쓸모없어 보일지라도, 시간이 지나면 나만의 새로운 생각과 아이디어를 만들어내는 자양분이 될 것이다.

결국 세상에 쓸데없는 정보란 없다. 그러니, 당신의 꿈들과 문제들을 검색해 보고, 그 여정을 즐겨라.

스스로 배우는 그 과정에서 예상치 못한 발견들이 기다리고 있을 것이다.

'함께 시간을 보내는 사람에 따라 내 모습이 달라진다.'

어떤 아이디어와 시간을 보내느냐도 내 창의성에 큰 영향을 미친다.

나의 아이디어 정원

창의성은 모든 아이디어를 무작정 쌓아두는 게 아니라, 나만의 정원처럼 신중하게 선택하고 가꾸어가는 것이다. 창의적인 사람들은 단순히 모든 걸 모으지 않고, 마음에 울림을 주는 것들만 고른다. 그런 것들을 하나씩 아이디어 정원에 심으며, 마치 정원을 가꾸듯 영감을 돌보고 키워가는 것이다.

'함께 시간을 보내는 사람에 따라 내 모습이 달라진다.'는 말처럼, 어떤 아이디어와 시간을 보내느냐도 내 창의성에 큰 영향을 미친다. 자연 속의 평온함을 담아내거나, 도시의 활기와 색감을 재료로 활용하는 것처럼, 내 주위에서 얻은 느낌과 경험들이 아이디어의 씨앗이 된다.

중요한 건 무작정 많은 아이디어를 모으는 게 아니라, 진정한 영감을 주는 것들만 고르는 것이다. 감동을 준 한 문장, 마음속에 남은 장면, 흥미로운 대화나 풍경처럼 나에게 울림을 주는 것들이라면 모두 내 정원에 심을 수 있다.
시간이 흐르면, 이런 아이디어들이 자라나 나만의 독특한
작품으로 꽃을 피우게 된다. 창의성은 결국 어떤 씨앗을
심느냐에서 시작된다.

매일 작은 영감의 씨앗을 모아 정성껏 가꾸어보자.
그 안에서 당신만의 특별한 예술이 자라나도록.

완벽한 오리지널을 만들어야 한다는 부담은
버려도 좋다.
중요한 건, 새로운 무언가를 만들려는 부담이 아니라,
이미 있는 영감에 나만의 이야기를 덧붙이는 용기다.

덧
붙이는 용기

우리는 매일 인스타그램과 유튜브에서 끝없이 새롭고 흥미로운 콘텐츠를 만난다. 하지만 모든 걸 완전히 새롭게 만들어야 한다는 생각은 오히려 창작을 어렵게 만든다. '태양 아래 새로운 것은 없다.'는 말처럼, 사실 우리가 만드는 대부분의 것은 이미 존재하는 것들에 기반하고 있다.

패션만 봐도 최신 트렌드라 불리는 옷들이 과거의 스타일에서 영감을 받아 재해석한 경우가 많다. 복고풍 스타일이 다시 인기를 끄는 것도 과거의 것을 현대적으로 재구성했기 때문이다. 기존 스타일에 새로운 디테일을 더하고 변화시켜 전혀 다른 느낌을 주는 것처럼, 창작이란 무에서 유를 만들어내는 것이 아니라, 이미 있는 것에 나만의 감각을 더해 새롭게 보여주는 과정이다.

소셜 미디어 콘텐츠도 마찬가지다. 인기 있는 영상들도 어디선가 본 유행에서 시작되지만, 크리에이터가 각자의 스타일로 새롭게 해석해 사람들에게 신선함을 준다. 완벽한 오리지널을 만들어야 한다는 부담은 버려도 좋다. 창작은 새로운 것을 만들어내기보다는, 기존에 있는 것을 내 시선으로 다시 보는 것이다.

중요한 건, 새로운 무언가를 만들려는 부담이 아니라,
이미 있는 영감에 나만의 이야기를 덧붙이는 용기다.

진정한 오리지널이란 결국 당신의 시선과 감각으로 다시 조합된 그 무언가이다.

끄적이는 습관은 내가 보고, 느끼고, 생각한 모든
것을 담아두는 보물 상자와 같다.

잠들어 있는 아이디어처럼 보일 수 있지만,
오랜 시간이 지나 다시 꺼내 보면 새로운 생명을
얻어 나만의 작품으로 탄생할 수 있다.
—

끄적이 보관함

어디서든 영감을 기록할 수 있는 끄적이는 습관을 들여보자. 책에서 본 멋진 문구, 길에서 들린 흥미로운 대화, 떠오르는 아이디어까지 뭐든지 자유롭게 적어본다. 심지어 전화 통화 중에도 문득 떠오른 생각을 놓치지 않고 끄적여 보자.

패션 디자이너 칼 라거펠트처럼 스케치와 메모를 언제든 할 수 있도록 준비하는 것도 좋은 방법이다. 그는 항상 스케치북과 펜을 가지고 다니며, 어디서든 떠오른 아이디어를 바로 그림으로 남겼다.

소설가 헤밍웨이도 영감이 떠오를 때마다 작은 노트에 기록해 두었다가 나중에 글로 발전시키곤 했다. 이런 습관은 작은 영감도 놓치지 않게 해주고, 훗날 더 큰 작품으로 키우는 데 큰 도움이 된다.

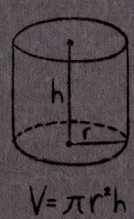

끄적이는 습관은 내가 보고, 느끼고, 생각한 모든 것을 담아두는 보물 상자와 같다. 종이 노트든, 스마트폰 메모 앱이든, 사진이든 상관없다. 사진을 찍거나 스크랩북에 붙여두는 것도 좋은 방법이다. 어딘가에서 영감을 주는 무언가를 발견했다면, 주저하지 말고 기록해 두자. 시간이 지나도 잊히지 않도록, 소중한 아이디어와 영감들을 차곡차곡 쌓아가는 것이다.

어떤 작가들은 이를 '잠들어 있는 아이디어 보관함'이라 부르기도 한다.

처음엔 그저 잠들어 있는 아이디어처럼 보일 수 있지만, 오랜 시간이 지나 다시 꺼내 보면 새로운 생명을 얻어 나만의 작품으로 탄생할 수 있다.

이렇게 끄적이 보관함을 채우는 습관은 언제든 당신의 창의성을 깨울 준비를 하는 작은 축적의 힘이 될 것이다.

멘토의 멘토로 이어지는 흐름을 따라가다 보면,

창의성의 뿌리를 발견하게 될지도 모른다.

짝사랑 멘토

창의성을 키우고 싶다면 짝사랑하듯 동경하는 멘토를 찾아 그들의 발자취를 따라가 보라. 멘토들이 남긴 생각과 작업 속에서 새로운 영감을 얻을 수 있기 때문이다.

마음을 움직이는 멘토가 누구인지 곰곰이 생각해 보라. 그들의 삶과 작업을 깊이 탐구하며 그들이 추구했던 가치와 배움을 찾아보는 것이다. 멘토가 존경했던 인물들까지 거슬러 올라가는 것도 좋은 방법이다. 멘토의 멘토로 이어지는 흐름을 따라가다 보면 창의성의 뿌리를 발견하게 될지도 모른다.

비록 멘토들이 멀리 있거나 직접 만날 수 없더라도, 그들의 작품과 말은 여전히 우리 삶에 깊은 울림을 남긴다. 세상을 떠난 거장들 역시 마찬가지다. 그들의 작품에는 배움과 가르침이 그대로 담겨 있다.

나 역시 미용을 하면서 좋아하는 멘토들의 작업과 삶을 깊이 들여다본 경험이 있다. 처음에는 단순히 멋있어서 따라 하고 싶었다. 하지만 시간이 지나면서 눈에 보이지 않던 것들이 보이기 시작했다. 그들이 추구했던 가치와 철학, 세상을 바라보는 태도, 그리고 세상에 전하려던 메시지까지. 단순한 기술이 아니라 삶의 방향이 담겨 있었다.

그들의 삶의 방향은 단순히 동경의 대상이 아니었다. 그것은 내 삶 안에 또 하나의 길을 만들 수 있는 계기가 되었다. 그들이 추구했던 길을 따라가며 나만의 방향을 고민하기 시작했다. 그리고 내가 나아가야 할 길을 조금씩 찾아가기 시작했다. 그들의 철학과 태도는 내 삶의 기초가 되었고, 나만의 방식으로 새롭게 정립하는 계기를 만들어줬다.

당신도 짝사랑하듯 멘토들의 길을 따라가 보라. 그들이 남긴 흔적을 통해 배우는 과정에서 당신의 창의성은 더 깊고 풍부해질 것이다.

가장 멋진 아이디어는 아무것도 하지 않고
빈둥거리거나 멍때릴 때 떠오른다.

그러니 무언가를 억지로 이루려 하지 말고,
멍하게 있을 용기와 뻔뻔함을 갖자.

멍 때리기 와 빈둥거림

현대사회에서는 항상 무언가를 해야 한다는 압박 속에서 우리는 쉼 없이 움직인다. 하지만 진정한 창의력과 영감은 바쁘게 움직일 때가 아니라, 오히려 멍하게 있을 때, 아무것도 하지 않을 때 떠오르는 경우가 많다.

멍 때리기와 빈둥거림은 겉보기에 비생산적인 것처럼 보이지만, 이 과정이야말로 창의성을 키우고 독창적인 아이디어를 샘솟게 하는 중요한 순간이다.

지루해하는 시간, 멍 때리는 시간은 단순히 시간을 낭비하는 것이 아니다. 그 시간은 우리의 사고에 여유를 주고, 새로운 관점을 열어준다. 예를 들어, 기업인 빌 게이츠는 매년 '생각 주간(Think Week)'을 가지며 외딴곳에서 혼자 시간을 보내는데, 이 기간 동안 독서와 사색을 통해 새로운 아이디어를 구상한다. 이러한 빈둥거림의 시간은 그의 창의적 사고에 큰 도움이 되었다고 알려져 있다. 이렇게 머리를 비우고 아무것도 하지 않는 시간 속에서 아이디어는 자연스럽게 흘러나온다. 가장 멋진 아이디어는 아무것도 하지 않고 빈둥거리거나 멍 때릴 때 떠오른다. 작업에서 잠시 떨어져 지내며 길을 잃고 방황해 보는 것은, 오히려 집중력을 높이고 더 창의적으로 사고할 수 있는 방법이 된다. 빈둥거리며 마음껏 시간을 보내고, 의도적으로 지루해하는 시간을 가져보자. 어떤 일이 일어날지, 어떤 영감이 떠오를지 상상조차 못 할 것이다.

그러니 무언가를 억지로 이루려 하지 말고, 멍하게 있을 용기와 뻔뻔함을 갖자. 멍 때리기와 빈둥거림이 주는 창의적 재충전의 가치를 느껴보자.

길을 잃고 방황하며 머릿속이 비워질 때,
그 빈 공간에 새로움이 차오르기 시작할 것이다.

무엇이든 할 수 있다는 생각은 위험하다.
무한한 가능성은 오히려 혼란과 방향 상실을 불러온다.

내 본질과 맞지 않는 것은 과감히 덜어내고,
남은 본질을 나만의 색으로 채워라.

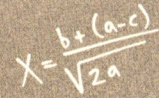

더하기 보단 빼기

진정으로 앞서가는 사람은 불필요한 것들을 과감히 덜어내고, 진짜 중요한 한 가지에만 집중할 줄 안다. 많이 가진 것이 중요한 것이 아니다. 오히려 적은 상태에서 최고의 작업을 만들어내고, 덜 가지고 작업할 때 창의성은 빛난다. 부족함이 창작을 하기에 가장 좋은 환경이 될 수 있다. 내가 가진 자원을 최대한 활용하며 지금 당장 시작하는 것이 중요하다. 교육이나 배움 또한 마찬가지다. 내가 추구하는 본질이 명확하다면 새로운 지식을 선택적으로 받아들이고, 필요 없는 것은 덜어낼 수 있다. 반면, 본질이 없다면 무분별하게 남의 것을 받아들이게 되고, 결국 색깔이 섞여 정체성을 잃을 위험이 있다. 창작의 길에서 중요한 것은 더하기가 아닌 빼기다.

무엇이든 할 수 있다는 생각은 위험하다.
무한한 가능성은 오히려 혼란과 방향 상실을 불러온다.

내 본질과 맞지 않는 것은 과감히 덜어내고,
남은 본질을 나만의 색으로 채워라.

'이것이 성장인가, 아니면 혼란인가?'라는 질문을 스스로에게 던져보자.
그리고 선택하자 어떤 것을 넣을까가 아닌 어떤 것을 뺄지를.

혼란스러운 과정이 없었다면 매력적인 문장은 탄생하지 못했을 것이다.

그 난장판 속에서 얻어지는 것들이야말로 진정한 창작의 결과물이다.

과정은 늘 난장판

사람들은 완성된 결과물만을 보고 그것을 판단한다. 하지만 그 결과 뒤에 숨겨진 고통과 실수, 반복된 시도를 상상하는 사람은 많지 않다. 사실, 창작의 본질은 완성된 결과보다 그 난장판 같은 과정에 있다. 완벽해 보이는 작품도 실제로는 수많은 시행착오와 실패를 딛고 세상에 나오게 된 것이다. 예를 들어, 작가가 새로운 글을 쓸 때도 마찬가지다. 깔끔하게 편집된 책만을 보며 우리는 쉽게 읽히는 문장이 술술 쓰였을 거라고 착각할 수 있다. 그러나 작가의 책상에는 수정하고 버린 종이들이 가득하고, 한 문장을 완성하기 위해 수많은 고민과 재수정을 거쳐야 한다. 이 혼란스러운 과정이 없었다면 매력적인 문장은 탄생하지 못했을 것이다. 사람들 중에는 다른 사람이 무엇을 하는지에 관심이 많은 사람들이 있다. 그들이 만들어 내는 결과만이 아니라, 그 과정에서 어떤 일들이 일어나는지 궁금해한다. 마치 완성품이 어떻게 만들어지는지를 궁금해하는 것처럼, 사람들은 창작이 만들어지는 혼란과 시도를 보고 싶어 한다. 결과도 중요하지만, 그 과정을 함께 공유하는 것이 훨씬 더 효과적이며, 이를 통해 더 깊은 관계가 형성된다.

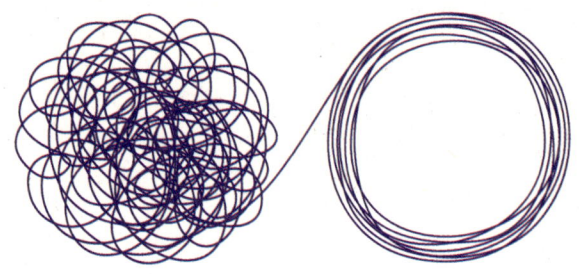

과정은 늘 난장판이다.

하지만 그 난장판 속에서 얻어지는 것들이야말로 진정한 창작의 결과물이다. 그 과정 자체가 우리가 보여줘야 할 인간적인 면모다. 완벽하게 정돈된 모습보다는 불완전하고 난잡한 모습 속에서 사람들은 더 깊은 소통을 느낀다. 우리가 그 혼란스러운 과정까지 솔직하게 공유할 때, 사람들은 단순히 결과물만이 아니라 함께 소통하며 결과를 만들어 가는 경험을 하게 된다. 그들의 응원을 받으며 우리는 더욱 단단해질 수 있다. 완벽한 결과만을 보여주기 위해 난장판을 숨길 필요는 없다. 그 속에서의 노력과 실패, 그리고 시도들이야말로 우리의 진정한 이야기이다. 완벽한 사람에게는 다가가기 어렵지만, 부족한 면을 드러내고 진솔하게 다가갈 때 사람들은 더 쉽게 마음을 열고 공감하게 된다. 이처럼 우리는 완성된 결과보다는 난장판 같은 과정을 통해 더 인간적이고 편안한 소통을 이어갈 수 있다.

그렇기에 창작의 과정은 그 자체로 소중하다. 난장판 속에서 함께 뛰어놀며, 그 과정을 공유하고 그 속에서 함께 웃고 울며 성장해 가는 것이야말로 가장 의미 있는 일이 아닐까?

실천적 관점

나도 처음부터 강사는 아니었다.

강사가 된건

누가 시켜서가 아니라,

내가 스스로 시작했기 때문이다.

I'M
READY

사실, 우리는 이미 준비되어 있다.

처음부터 특별할 필요는 없다. 지금 머릿속에 떠오르는 생각이 있다면, 뭐든 해보면 되는 거다. 우리는 종종 '대단한 일'을 해야 한다는 압박을 느끼지만, 사실 그럴 필요가 없다.

눈에 보이는 결과나 보상을 기대하지 않고, 그저 지금 할 수 있는 일을 해보는 데 의미를 두면 된다. 중요한 건 그 과정을 통해 나 자신을 알아가고 성장하는 것이다.

나도 처음부터 강사는 아니었다. 자격증을 발급받은 것도 아니었고, 누가 강사 역할을 맡아달라고 한 것도 아니었다. 그저 강사가 되고 싶었고, 그래서 내가 가진 지식을 누군가와 나누는 것부터 시작했다. 그러면서 사람들이 조금씩 성장해 가는 모습을 보며 기분이 좋았고, 성취감도 느꼈다. 그들의 성장이 마치 나의 성장처럼 느껴졌다.

결국, 강사가 된 건 누가 시켜서가 아니라,
내가 스스로 시작했기 때문이다.

잘할지 못할지 걱정하기보다는, 완벽하지 않다는 두려움보다는, 실수해도 일단 행동하는 용기가 필요하다. 이렇게 시도하는 과정 자체가 나를 성장시키고, 새로운 도전의 즐거움을 준다.

사실, 우리는 이미 준비가 되어 있다.

지금 당장 뭐라도 떠올리고 움직여보자. 때로는 '이게 무슨 의미가 있을까?' 싶더라도 일단 해보는 거다. 그렇게 쌓인 작은 경험들이 나를 더 깊이 이해하게 하고, 스스로를 발견하게 만든다.

예술가들조차 '걸작이 어디서 비롯되었는지 모르겠다.'고 말한다. 그들도 특별한 순간을 기다린 게 아니라, 매일 움직이며 자신을 찾아갔다. 그러니 지금, 특별하지 않아도 일단 시작해 보자. 지금의 작은 시도가 조금씩 나를 변화시킬 것이다. 그렇게 하다 보면, 어느새 새로운 나를 발견하게 될 것이다.

I'M READY

FAKE

당신이 원하는 모습을 현실로 만들고 싶다면,
이미 그것을 이룬 사람처럼 행동하면 된다.

시작은 가짜일지라도,
마지막에는 진짜가 될 수 있도록.

REAL

가짜로 시작해
진짜가 되다.

사람들은 종종 현재의 모습에 스스로를 가두고, 더 나아가고 싶은 꿈이나 이상에 도달하는 걸 어려워한다. 하지만, 당신이 원하는 모습을 현실로 만들고 싶다면, 마치 이미 그 삶을 살고 있는 것처럼 행동하는 것부터 시작하면 된다. 무언가 대단한 성취를 이루고 싶다면, 이미 그것을 이룬 사람처럼 행동하면 된다.

예전에 나는 일본에 가고 싶었다. 갈 방법도 몰랐고, 계획도 없었지만. 마음만큼은 이미 일본에 가 있었다. 그래서 주변 사람들에게 떠들고 다녔다.

'나는 일본에 갈 거야.'
'이 날짜에 일본에 갈 거야.'
'일본에 가서 미용을 배울 거야.'
'일본에서 이런 경험을 하고 올 거야.'

이미, 마치 그곳에 있는 사람처럼 계속해서 떠들었다.

FAKE

그렇게 나 자신을 설득하고 확신을 가지게 되니, 어느새 일본에 도착해 내가 이야기했던 모습 그대로 그곳에서 살아가고 있었다. 우리가 원하는 삶을 현실로 만들고 싶다면, 먼저 그 모습에 스스로를 맞춰 행동해 보자. 처음엔 가짜처럼 느껴질지라도, 목표를 이룬 사람처럼 꾸준히 노력하며 나아가다 보면, 어느새 그 목표에 다다른 진짜 자신을 발견하게 될 것이다.

변화를 두려워하지 말고, 내가 되고 싶은 모습에 맞춰 살아가며 새로운 나를 찾아보자.

시작은 가짜일지라도,
마지막에는 진짜가 될 수 있도록.

REAL

기대찌 말고,
직접 만들어라

무언가를 진정으로 좋아하면, 그 이상을 바라게 된다. 좋은 영화나 책, 음악을 접하면 그 속편이나 더 나은 형태를 상상하게 된다. 내가 원하는 방향으로 변화시키고 싶다는 갈망이 생기기 때문이다. 그렇다면 이 갈망을 그저 마음속에 품고만 있는 것이 아니라 직접 만들어보는 건 어떨까?

과거에 나는 강사 선배들의 교육을 도우며 배운 경험이 있다. 예전 미용 교육들은 강의 회차가 길고, 미용실 업무가 끝난 늦은 시간에 교육이 시작되다 보니, 긴 회차에 참여자들의 열정이 점점 식어가는 모습이 보였다. 그리고 너무 늦은 시간에 교육이 이루어지다 보니, 사람들이 피곤해서 집중하지 못하는 경우도 많았다.

이러한 한계를 보며, '내가 하고 싶은 교육이라면 어떻게 바꿀 수 있을까?'라는 생각이 들었다. 그래서 기존 방식을 벗어나, 과감히 회차를 줄이고 교육시간을 늘린 '카핑컷' 시스템을 구상했다. 교육 회차는 3회로 줄이고, 하루 7시간을 교육하는 시스템을 도입했으며, 원데이 교육도 만들어 진행하였다.

많은 사람들은 성공하기 어렵다고 했지만,
나는 내가 원하는 방식으로 도전하는 데 의미를 두었다.

이처럼 창작에서도 마찬가지다. 단순히 좋아하는 작품을 소비하는 데 그치지 않고, 그 작품이 더 나아갈 방향을 내가 만들어볼 수 있다. 내가 가장 좋아하는 아티스트들이 지금 살아 있다면 어떤 작품을 만들까? 그들이 놓친 부분은 무엇일까?

내가 원하는 방식으로 발전된 작품을 내 손으로 만들어보는 것이다. 기대하지 말고, 내가 직접 만들어라. 원하는 책이 없다면 직접 써보고, 필요로 하는 물건이 없다면 직접 만들어 보자. 듣고 싶은 음악이 떠오른다면 그 멜로디를 연주하고, 꿈꾸는 가게가 있다면 그곳을 현실로 만들어라. 보고 싶은 작품이 있다면 스스로 그려보자. 세상에 아직 존재하지 않는 것들을 그저 기다리기보다, 스스로 창조하여 나만의 색을 더하는 것이다.

결국, 내가 진정으로 원하는 방향과 방식으로 무언가를 창조해 낼 때, 그것은 나만의 색을 가진 가장 나다운 결과물이 된다.

MAKING

지금 몰두하고 있는 일이 가치가 없다고
여기지 말자.

모든 경험은 예상치 못한 순간에 서로 연결되며
새로운 방향을 제시해 준다.

쓸데없는 경험

사소해 보이거나 쓸데없다고 여겼던 경험들이, 시간이 지나면 내 삶을 완전히 새로운 방향으로 이끄는 중요한 밑거름이 되곤 한다.

대학 시절, 나는 미용을 좋아했지만, 부모님의 권유로 산업 디자인을 전공하게 되었고, 그중에서도 제품 디자인에 집중했다. 미용 일을 병행하며 디자인을 배우다 보니, 새로운 시각을 갖게 되었다. 산업 디자인을 공부하면서 제품을 바라보는 눈과 형태를 모방하고 해석하는 방법을 익혔다. 당시에는 그저 단순한 학습처럼 느껴졌지만, 지금 돌이켜보면 이 경험들이 현재의 카핑컷 교육에 필요한 감각과 분석 능력을 키우는 데 큰 영향을 주었다.

카핑컷 교육은 기존의 미용 교육에서는 볼 수 없던 새로운 접근법을 제공하며, 디자인을 통해 길러진 시각적 분석 능력과 경험이 결합해 만들어진 교육이다.

지인의 이야기 역시 마찬가지다. 현재 의류업을 하는 지인은 캠핑을 즐기며 본인만의 레시피로 음식을 만들어 주는 걸 좋아했다. 캠핑 동료들이 그의 요리를 너무 좋아하는 걸 보고, 지금은 그 레시피로 창업을 준비 중이다.

사람들은 종종 현재 하는 일이 자신의 미래와 관련이 없다고 생각한다. 하지만 미래를 예측할 수 없듯, 모든 경험은 예상치 못한 순간에 서로 연결되며 새로운 방향을 제시해 준다. 지금 몰두하고 있는 일이 가치가 없다고 여기지 말자. 지금은 전혀 쓸모없어 보이는 경험들이 인생에서 새로운 가능성을 열어줄 준비를 하고 있을지 모른다.

세상에 쓸데없는 경험이란 없다.

내가 과거에 선택했던 산업 디자인 전공과 그 경험들이 지금의 카핑컷이라는 새로운 교육 방식을 창출하는 기반이 된 것처럼, 캠핑에서 만든 음식을 창업의 발판으로 삼는 지인처럼, 당신의 모든 경험 역시 언젠가 당신만의 고유한 이야기를 만들어 줄 것이다. 모든 경험과 취미는 결국 당신의 인생을 완성하는 중요한 조각이 된다. 현재에는 쓸모없어 보여도 시간이 지나면 그 경험들이 서로 연결되어 당신만의 독특한 가치를 만들어줄 것이다.

오해와 비난,
무시는 당연한 일이다.

중요한 건
자신이 만들어내고
싶은 것에 집중하고,

외부의 반응에 지나치게
얽매이지 않는 것이다.

인정욕구
비판도 인정이다.

내가 만든 카핑컷 교육은 기존 커트 교육 방식과는 완전히 다르다. 각도도 없고, 복잡한 이론도 필요 없다. 고객이 원하는 건 가져온 사진을 그대로 재현하는 것, 그 방법만 알면 되는 것이다.

그래서 이 교육을 들은 많은 선생님들이
'왜 이렇게 쉬운 방법을 몰랐을까?'라고 말한다.

하지만 이렇게 간단해 보이는 방법 뒤에는 수많은 노력이 숨어 있다. 셀 수 없이 많은 가발을 자르며 형태와 공간을 계산하고 디자인을 반복했고, 이 과정을 실제 사람에게 적용하기 위해 끊임없이 노력해 왔다. 이런 시간과 땀이 쌓여 지금의 결과가 만들어진 것이다. 그런데 사람들은 이 과정을 보지 않고, 결과만 보고 오해하거나 비난하는 경우가 많다.

이런 오해와 비난, 무시는 당연한 일이다. 익숙해질 필요가 있다.

중요한 건 자신이 만들어내고 싶은 것에 집중하고,
외부의 반응에 지나치게 얽매이지 않는 것.

창작자는 작품이 세상에 나오는 순간, 그 해석과 반응을 사람들에게 맡긴다. 내가 만든 것을 세상이 완벽히 이해해 주기를 기대하지 않는다. 그저 매일 바쁘게 창작하며, 외부의 반응에 신경 쓸 시간조차 없도록 나아가는 것.

그게 창작자의 마음가짐이다.

꿈은 열정만으로 이루어지지 않는다.

안정된 기반 위에서 더욱 힘 있게 펼쳐진다.

안정적인 이중생활

꿈을 이루기 위해 열정은 필수지만, 그 열정을 지속할 수 있는 기반 또한 매우 중요하다. 누구나 당장 하고 싶은 일에 뛰어들고 싶어 하지만, 경제적 안정 없이 시작하면 금세 지치고 방향을 잃기 쉽다. 그래서 안정적인 월급을 받으면서 경험과 배움을 쌓아가는 안정적인 이중생활이 필요하다고 생각한다.

내가 혼자서 교육을 시작하기 전에 기반을 마련하기 위해 서울에서 여러 개의 미용실을 운영하는 곳에서 교육 이사로 일했다. 매달 받는 월급은 어느 정도 경제적 안정감을 주었고, 인턴들을 디자이너로 성장시키기 위한 '레벨업 시스템 교육'을 2011년 처음으로 만들며 다양한 실험을 할 수 있었다.

이 과정은 나에게 경험과 자신감을 쌓게 해주는 소중한 시간이 되었다. 낮에는 미용실에서 교육 이사로서의 역할을 수행하고, 남은 시간에는 아프거나 피곤해도 멈추지 않고 매일 내가 하고 싶은 일에 집중했다.

이렇게 하루 두 가지 삶을 병행하는 이중생활은 지치기도 했지만, 동시에 새로운 에너지를 얻는 원천이 되었다. 이 생활 속에서 안정적인 기반을 갖추고 다양한 경험을 통해 독립적으로 교육을 시작할 수 있는 자신감을 얻었다.

꿈은 열정만으로 이루어지지 않는다. 안정된 기반 위에서 더욱 힘 있게 펼쳐진다. 꿈을 이루기 위한 현실적인 기반을 마련하며 매일 조금씩 나아가자. 그 과정이 결국 당신의 꿈을 실현하는 가장 큰 힘이 되어줄 것이다.

내 인생, 내가 하는 일에 다큐 작가가 되어 보자.
그리고 그걸 사람들에게 공유해 보자.

별거 아닌 나의 일상이,
별거인 일상으로 변화될 수 있도록.

때론 다큐가 더 매력적이다.

요즘 유튜브를 보면 특별한 연출이나 화려한 효과 없이도 사람들의 관심을 끄는 일상 영상들이 많다. 먹고, 공부하고, 산책하는 평범한 하루를 담은 영상들, 배경 음악 없이 조용하게 흘러가는 그저 '멍 때리기 좋은' 영상들이다. 대단한 이야기도 아니고, 특별한 장면도 없지만, 우리는 그런 일상을 담은 영상에 때론 더 큰 매력을 느끼곤 한다. 내 일상이 특별하지 않더라도, 그 일상을 그대로 기록하고 공유하는 것은 의미가 있다. 나에겐 별거 아닌 하루일지라도 누군가에게는 그 하루가 특별하게 느껴질 수 있다. 내 하루가 누군가에게는 원하는 하루가 될 수도 있고, 또 누군가는 내 하루를 보면서 휴식을 취할 수도 있으며, 꼭 이렇게 열심히 살지 않아도 된다는 위로를 받을 수도 있다. 특별함도 중요하지만, 사실 '다큐'처럼 있는 그대로의 모습에 더 큰 매력이 숨어 있을 때가 많다. 꾸밈없이 나의 하루를 담고, 그 과정을 통해 내 삶의 다양한 순간들을 기록해 보자. 이렇게 일상의 모습을 공유하는 것은 단순한 기록 이상의 의미를 가진다.

소소한 일상이 모여 나만의 이야기가 되고,
그 이야기는 때로는 누군가에게 작은 행복을 전할 수 있다.

때론 다큐가 더 매력적이다.
내 인생, 내가 하는 일에 다큐 작가가 되어 보자.
그리고 그걸 사람들에게 공유해 보자.

별거 아닌 나의 일상이 별거인 일상으로 변화될 수 있도록.

기록이란,
작은 흔적 속에서 우리의 삶에 부족했던 2%를 채워주는 힘이 있다.

기록을 매일 해야 한다는 부담을 가질 필요도 없다.
때로는 중간에 멈추고 싶을 때도 있을 것이다.

멈춤은 실패가 아닌, 그것은 다시 시작하기 위한 쉼표일 뿐이다.

하루록
[하루를 기록하다]

미래를 설계하기 위해 계획이 필요하듯이, 우리에게는 지나온 날들을 돌아보는 과거의 기록도 필요하다.

하루를 기록하는 일은 꼭 거창하거나 특별할 필요가 없다.

작은 노트에 오늘 무슨 일을 했는지, 무엇을 먹었는지, 어디를 갔는지, 와 같은 사소한 일들만 적어 보는 것으로 충분하다. 처음에는 그저 별거 아닌 일들이라고 생각될 수 있지만, 시간이 흘러 이 기록들이 얼마나 큰 가치를 가지는지 알게 될 것이다. 작은 디테일들이 쌓여 큰 기억을 도와주고, 우리 삶의 발자취를 돌아볼 수 있는 귀중한 자산이 되어줄 것이다.

내가 좋아하는 글 중 하나인 윌리스 와틀스의 문구가 있다.
'생각은 무형의 실체로부터 유형의 부를 창출하는 유일한 힘이다.'

모든 창조의 시작은 생각에서 비롯되며, 이 생각들이 모여 움직임이 되고, 그 움직임이 우리의 삶에 변화를 일으켜 결국 부를 축적하게 만든다.

그래서 나는 교육을 하며 선생님들께 하루를 기록하는 습관을 권한다. 대단한 일이 아니더라도, 어제 하지 않았던 작은 새로움이나 생각들을 기록해 보자는 것이다. 처음에는 이 작은 기록들이 무의미하게 느껴질 수 있다. 그러나 이 습관이 쌓이다 보면 어느새 하루하루가 더욱 의미 있게 변하고, 내 삶을 조금씩 풍요롭게 만들어 갈 것이다.

기록이란 작은 흔적 속에서 우리의 삶에 부족했던 2%를 채워주는 힘이 있다. 이러한 흔적을 찾아가는 과정은 생각으로 시작되고, 그 생각이 행동으로 이어지며, 그 행동과 생각을 기록하는 것이 축적된 부를 만들어낸다.

기록을 매일 해야 한다는 부담을 가질 필요도 없다. 때로는 중간에 멈추고 싶을 때도 있을 것이다. 그러나 멈춤은 실패가 아니다. 그것은 다시 시작하기 위한 쉼표일 뿐이다.

'중요한 것은 멈추더라도, 시간이 지나더라도, 다시 시작하는 것이다.'

언제든 다시 시작하자.

다시 시작하는 그 순간이야말로 가장 용기 있는 발걸음이다. 변화는 한 번의 결심이 아니라, 100번의 작은 발걸음에서 만들어진다.

하루를 기록하자. 작은 생각들을 남기는 습관이 쌓이다 보면, 이는 결국 우리 삶에 큰 변화를 불러오고 풍성한 미래를 만들어 줄 것이다.

그 단순한 사진 한 장이었지만,
그날의 약속을 지켰다는 것만으로도 마음의 위안을 얻을 수 있었다.

나는 오렌지를 찍어 올렸다.

나는 인스타그램을 늦게 시작했다. 솔직히 왜 해야 하는지조차 알지 못했다. 그저 주변 사람들이 하기에, 나도 한 번 해보자는 마음으로 인스타그램을 설치하고, 스스로에게 한 가지 약속을 했다. '하루에 하나씩 무엇이든 올리자.' '좋아요'나 팔로워 수는 중요하지 않았다. 중요한 것은 그 약속을 끝까지 지키는 것이었다. 처음에는 무엇을 올려야 할지 몰랐다. 그래서 주변에서 영감을 받는 것들을 사진으로 찍어 올리기 시작했다. 자동차, 자연, 가구, 인테리어 등 별 의미 없는 것들이 대부분이었다. 반응이 거의 없었지만 상관없었다. 매일 꾸준히 올린다는 그 행위 자체가 나에게 의미가 있었기 때문이다. 완벽할 필요는 없었고, 내가 올린 90%는 사실 쓸데없는 것들이었다. 그러다 가끔 내가 자른 헤어스타일 사진이나 교육 후기들도 올리게 되었다.

그러던 어느 날부터 사람들이 조금씩 반응을 보이기 시작했다. '좋아요' 가 눌리고, 댓글이 달리면서 사람들이 어떤 사진에 관심을 가지는지 조금씩 알게 되었다. 나는 사람들이 반응하는 콘텐츠에 집중하기 시작했고, 그렇게 SNS는 점점 나 자신을 기록하고 성장하는 도구가 되어갔다. 하지만 매일 포스팅을 올린다는 것은 생각만큼 쉽지 않았다. 어떤 날은 올릴 것이 없어 초조해졌고, 결국 무언가라도 올리기 위해 집에 있는 오렌지를 찍어 올리기도 했다. 그 단순한 사진 한 장이었지만, 그날의 약속을 지켰다는 것만으로도 마음의 위안을 얻을 수 있었다. .

완벽하지 않아도 괜찮다는 것, 중요한 것은 꾸준히 기록하는 과정이라는 사실을 다시 깨닫게 되었다. 시간이 흐르며 내 인스타그램에는 수천 개의 게시물이 쌓여갔다

그것들은 단순한 사진의 모음이 아니었다. 그 안에는 나의 노력과 과정, 그리고 성장의 흔적이 고스란히 담겨 있었다. 매일 쌓아온 그 작은 기록들이 모여 하나의 이야기가 되었고, 그 이야기는 나를 대변하는 나만의 스토리가 되었다.

그래서 나는 오늘도 오렌지 같은 쓸데없는 것들을 아무 의미 없이 올린다.

이 작은 행위가 언젠가는 나의 이야기를 증명해 줄 것이고, 나를 더욱 빛나게 해줄 것임을 믿는다. 우리가 매일 꾸준히 쌓아가는 그 작은 기록들은 언젠가 우리를 증명해 줄 큰 이야기가 될 것이다. 매일 올리는 소소한 기록들이, 시간이 지나면 나의 성장을 증명하는 중요한 자산이 될 수 있다.

완벽하지 않아도, 꾸준히 쌓아가는 그 과정이 중요하다.

일상 속에서 오렌지를 찍어 올리는 것처럼, 우리의 하루를 성실하게 기록해 나가는 그 작은 습관이 결국 나만의 이야기를 만들어낼 것이다.

세상에 인정받지 못해도 괜찮다.
무시당해도 괜찮다.

부족함을 느끼며 배우는 과정이 바로 무명 시절의 진정한 가치이며
무명의 자유를 즐기는 당신이 진정으로 유명인이 될 자격이 있다.

유명이 아닌 무명을 즐겨라

처음 헤어디자이너로 일하며 더 나은 실력을 갖추고 싶다는 마음에 다양한 경험을 쌓고자 노력했다. 그때는 누구도 나를 알아주지 않았고, 스스로도 내가 어떤 점에서 부족한지 차츰 깨닫게 되는 시기였다.

남성 커트를 잘하고 싶어 한 남성 커트 전문샵에 스페어로 들어간 날이 생각난다. 열심히 커트하고 있었지만, 바리깡을 다루는 속도가 너무 느려서, 결국 고객이 자리를 떠나버렸고, 사장님은 나에게 이렇게 할 거면 지금 당장 나가라고 했다.

자존심은 상했지만, 나의 부족함을 인정할 수밖에 없었다. 돌이켜보면 무명이었기 때문에 이런 실수도 용서받을 수 있었고, 다시 도전할 용기도 생겼다.

또 한 번은 다른 미용실에서 스페어로 일했던 날, 디자이너답지 않은 내 모습이 스스로도 어색해서 긴장하고 떨렸던 기억이 난다. 결국 오래 버티지 못하고 나와야 했지만, 나를 받아준 원장님께 감사하며 더 잘하기 위해 노력했다.

무명이었기에 실수를 반복하며 성장할 기회가 있었고,
그 경험들이 나를 더 단단하게 만들어 주었다.

처음으로 교육 세미나를 열었을 때도 비슷한 경험을 했다.

많은 사람들이 지켜보는 자리에서, 떨리고 긴장된 마음에 '그렇게 팔짱 끼고 지켜보시면 제가 떨려서 진행할 수가 없어요.'라고 말할 용기가 있었다. 그때는 무명이었기 때문에 실수를 두려워하지 않고 솔직하게 표현할 수 있었다. 세상은 사실 내가 어떤 생각을 하든 별로 관심이 없다. 냉정하게 들리겠지만, 모두가 나쁜 사람들이라기보다는 각자의 삶에 바쁘기 때문이다.

무명이었던 나에게는 아무런 기대감이 없기에, 오히려 하고 싶은 것을 마음껏 시도할 수 있는 자유가 주어졌다. 실험적인 것도, 단순히 재미로 하는 것도 가능했다. 무명일 때 누릴 수 있는 그 소중한 자유와 경험들이 결국 지금의 나를 만들어 주었다.

무명일 때 무명을 즐겨라.
무명 시절은 자유롭게 실험하고 성장할 수 있는 시기이다.
세상에 인정받지 못해도 괜찮고, 무시당하여도 괜찮다.

부족함을 느끼며 배우는 과정이 바로 무명 시절의 진정한 가치이며 무명의 자유를 즐기는 당신이 진정으로 유명인이 될 자격이 있다.

나는 대중들에게 유명한 사람이 아니다.

그렇다고 미용인들 사이에서도 특별히 유명한 사람은 아니다.

다만, 내가 만든 이름 하나는 미용인들에게

어느 정도 인지도를 가지고 있다.

너의 이름은?

나는 대중들에게 유명한 사람이 아니다. 그렇다고 미용인들 사이에서도 특별히 유명한 사람은 아니다. 다만, 내가 만든 이름 하나는 미용인들에게 어느 정도 인지도를 가지고 있다. 그 이름은 바로 '카핑컷'이다.

처음부터 '카핑컷'이라는 이름으로 활동했던 것은 아니다. 처음 활동했던 이름은 '이미지 디자인 컷' 이었다.

이 이름이 만들어지게 된 계기는 하나의 사건에서 비롯되었다. 강사 생활을 오래 하다 보니 여러 선배 강사를 알게 되었고, 그들의 스타일과 행보를 지켜볼 기회도 많았다. 그러던 어느 날, 선배 한 분이 자신의 SNS에 올린 사진을 보게 되었는데, 그 선배는 그 스타일이 너무 예쁘다고 자랑하며 사진에 대해 굉장히 만족해했다. 하지만 그 스타일이 젊었던 내 눈에는 너무나 촌스러워 보였다.

그 순간 두려움이 밀려왔다.

'저게 혹시 나의 미래 모습이 아닐까?'

나이가 들어 내 기준에서 예쁘다고 하는 스타일을 자신 있게 올렸는데, 그 시대의 젊은 사람들이 봤을 때는 촌스러워 보일 수도 있다는 생각이 들었다. 혹시 나도 세월이 흘러 시대를 따라가지 못하게 되는 건 아닐까 하는 두려움이 생겼다.

그 순간 결심했다. 내가 정말 트렌드를 선도하는 사람이 될 수 없다면, 차라리 트렌드를 맞춰가는 사람이 되자고 새로운 것을 만드는 것보다 시대의 흐름에 맞춰 사람들이 원하는 스타일을 정확하게 재현해 내는 것에 집중하자고 생각했다. 그렇게 해서 만들어진 이름이 '이미지 디자인 컷'이었다. 트렌드를 앞서기보다, 사람들이 원하는 이미지를 충실히 재현해 내겠다는 뜻을 담아 만든 이름이었다. 하지만 '이미지 디자인 컷'이라는 이름이 너무 길고 어렵다 보니, 기억하기 힘들었다. 이름을 좀 더 간결하고 쉽게 기억할 수 있는 것으로 바꿔야겠다는 고민에 빠졌다.

그러던 어느 날, 지인과 차를 타고 이동하면서 이 부분에 관해 이야기를 나누던 중 우연히 카피라는 단어가 나오게 되었고 '카피'를 좀 더 현재 진행형 느낌으로 바꿔서 표현하면 어떨까 하는 생각에 '카피'가 아닌 '카핑'으로 바꿔보니 어감도 좋고, 무엇보다 사람들에게 각인되기 쉬운 이름 같았다.

그렇게 탄생하게 된 것이 '카핑컷'이라는 이름이다. '카핑컷'이라는 이름을 사용하기 시작하면서 나는 스스로에게 다짐했다. 내가 유명해지는 것보다, 이 이름이 미용인들에게 더 널리 알려지길 바랬다. 그래서 더 열심히 '카핑컷'이라는 이름을 알리고, 그 이름을 통해 교육을 진행하며 사람들에게 각인시키기 위해 노력했다.

이제 미용인들은 내 이름 대신 '카핑컷'을 먼저 떠 올린다. 그것은 내가 만든 이름이자, 나의 철학을 담은 브랜드가 되어 있었다. 이 과정을 통해 깨달은 것이 있다. 브랜딩은 나 자신을 알리는 것이 아니라, 내가 만든 가치를 사람들에게 전달하는 것이다. 이름을 잘 짓고 그것을 사람들 마음속에 각인시킬 수 있다면, 그 이름 하나로 나와 내가 만든 가치가 사람들 기억 속에 자리 잡을 수 있다는 것을 깨닫게 되었다.

결국, 이름이란 내가 추구하는 모든 것을 담아내는 상징이자 사람들에게 나를 설명하는 가장 강력한 언어가 된다. 그러니 이름을 잘 짓는 것이 중요하다. 단순하고 기억하기 쉬운, 사람들이 쉽게 받아들일 수 있는 이름을 고민해 보자. 그 이름이 사람들 머릿속에 각인된다면, 언젠가 그 이름을 통해 당신이 어떤 사람인지 알게 될 것이다.

너의 이름은 무엇입니까?

비판을 두려워하지 말고,

내 철학을 더욱 단단히 다지며 나아가다 보면,
어느 순간 나의 이야기에 귀 기울이는 사람들이 생길 것이다.

나만의 개똥철학

페이스북을 처음 시작하면서 어떤 내용을 올려야 할지 고민했다. 사람들의 반응에 신경 쓰기보다는, 이곳을 나의 철학, 특히 내가 가진 미용 철학을 기록하는 일기장처럼 활용하고 싶었다. 시간이 지나 내가 초심을 잃었을 때 이 기록을 통해 나 자신을 되돌아볼 수 있게끔, 꾸준히 나의 철학을 남기고자 했다. 내 개똥철학은 단순하다. '고객이 우선이다.' '내 만족이 아닌, 고객의 만족이 전부다.'

나에게 수익을 안겨주는 사람은 미용사가 아니라 고객이다.

그러니 미용사 좀 그만 만나고, 잠재 고객들이 모여 있는 곳에 가서 그들을 만나야 한다. 교육도 내가 배우고 싶은 것을 배우는 게 아니라, 고객이 진정으로 필요로 하는 기술을 배워야 한다. 내 욕심 때문에 배우는 교육은 아무 의미가 없다. 고객이 원하는 기술이 무엇인지 고객과의 소통을 통해 알아내고, 그 기술을 배워야 한다. 또한 디자이너에게 필요한 건 자유로움이다. 틀에 박힌 교육은 디자이너의 창의성을 제한하고, 결국 잠재력을 억누르게 된다. 각도나 도해도 같은 틀에 얽매이지 말자. 고객은 각도나 이론에 관심이 없다. 오로지 결과에만 관심이 있다. 진정한 디자이너라면 고객의 만족에만 집중하고, 고객이 원하는 스타일을 제대로 파악하고 만들어줄 수 있어야 한다. 이런 개똥철학들을 토대로 나는 내 생각을 써 내려가기 시작했고, 페이스북에 올리기 시작했다. 처음에는 특별히 관심을 받거나 '좋아요'를 기대한 것도 아니었다.

그냥 나 자신에게 힘을 주고, 꾸준히 성장하기 위해 쓴 글을 올렸을 뿐이다. 관심을 받고 싶어서 쓴 글이 아니었지만, 시간이 지나면서 내 이야기에 공감하는 사람들이 하나둘씩 생겨났다. 내 철학에 감명을 받았다는 이야기를 들으며, 나의 개똥철학이 누군가에게도 힘이 될 수 있다는 사실을 깨달았다. 그렇게 소통이 시작되었고, 그 만남은 교육으로도 이어졌다.

내 작은 철학이 사람들과 연결되며 하나의 흐름을 만들어갔다. 많은 사람들이 연줄이나 인맥에 의존해 영향력을 얻으려 하지만, 중요한 것은 자신만의 철학을 가지고 꾸준히 자신이 사랑하는 일을 해 나가는 것이다. 진정으로 즐기고, 열정을 다하며 최선을 다하는 그 길이야말로 진정한 영향력을 얻게 하고, 자신의 가치를 높이는 유일한 방법이다.

이 글을 통해 전하고 싶은 메시지는 간단하다.
진심으로 내가 사랑하는 것에 집중하자.
자신만의 철학을 가꾸고, 그 가치를 사랑하며 꾸준히 표현하라.

억지로 누군가에게 다가가려 하지 말고, 내가 사랑하는 일을 통해 자연스럽게 공감을 끌어내자. 세상에는 나를 좋아하는 사람도, 싫어하는 사람도, 관심이 없는 사람도 있다. 그 사실을 받아들이고, 나를 성장시키기 위해 내 철학을 꿋꿋이 지켜가자. 비판을 두려워하지 말고, 내 철학을 더욱 단단히 다지며 나아가다 보면 어느 순간 나의 이야기에 귀 기울이는 사람들이 생길 것이다.

그들이 나와 공감하고 함께 성장할 수 있기를 바라며,
나는 오늘도 나만의 개똥철학을 기록해나간다.

선택을 한 후,
나 자신에게 이야기한다.

지금 이 순간,
선택한 일에 책임을 지라고.

선택과 운명

개인적인 생각이지만, 인간이 갖춰야 할 최대의 능력은 선택하고 결정하는 능력이라고 생각한다. 우리가 인생을 살다 보면 다양한 경험을 하게 되고, 그 경험 속에서 한 가지를 선택해야 할 순간들을 많이 만나게 된다. 그때 무엇을 선택하느냐에 따라 우리의 운명도 달라질 것이다.

그럼 올바른 결정을 내리려면 어떻게 해야 할까? 성경 말씀 중에 '네 보물이 있는 그곳에 네 마음도 있느니라.'라는 구절이 있다. 이처럼 올바른 결정을 내려야 할 때 가장 먼저 생각해야 할 것은, 내가 정말로 소중하게 여기는 것이 무엇인지 깨닫는 것이다. 이것은 내가 돈을 쓰는 방식을 통해 파악할 수 있다. 시간을 소중히 여기는 사람은 시간을 제공하거나 절약하는 데 돈을 쓸 것이다. 돈을 소중히 여기는 사람은 더 많은 돈을 벌기 위해 투자할 것이다. 건강을 소중히 여기는 사람은 운동이나 건강식품 등에 지출할 것이다. 이처럼 나에게 진정으로 중요한 것을 정확히 파악하고, 그것을 기준으로 결정을 내리면 후회 없는 선택을 하는 데 큰 도움이 된다. 그래서 나는 항상 중요한 선택을 하기 전에 나 자신에게 다음과 같은 질문을 던진다.

내가 진정으로 소중하게 생각하는 것은 무엇인가?
내 가치관에 따라 결정을 내리고 있는가?
내 인생을 내가 통제하고 있는가?
아니면 다른 사람이나 주변 환경에 따라 선택하고 있는가?

이렇게 몇 가지 질문을 나 자신에게 물어보곤 한다.
그리고 선택을 한 후 나 자신에게 이야기한다.
지금 이 순간 선택한 일에 책임을 지라고.

아무것도 지도하지 않는 완벽함보다는
잘못된 판단 속에서 얻은 경험이 훨씬 값지다.

잘못된 판단

성공이란 무엇일까?

누군가는 성공이 좋은 판단에서 온다고 말한다.
그리고 좋은 판단은 경험에서 온다고 한다.

그렇다면 경험은 어디에서 오는가?
바로 잘못된 판단에서 온다.

이 간단한 논리는 인생의 가장 중요한 교훈 중 하나를 담고 있다. 사람은 누구나 잘못된 판단을 한다. 하지만 그 잘못된 판단이 단순히 실패로 끝난다면, 그 순간은 진정으로 잃어버린 시간이 될 것이다. 반면에, 잘못된 판단이 경험으로 전환된다면 그것은 우리의 성장에 필수적인 디딤돌이 된다. 잘못된 판단은 피할 수 없는 인간의 본성이다. 문제는 우리가 그 잘못된 판단을 어떻게 받아들이고, 그로부터 무엇을 배우는가에 있다.

우리는 종종 실수에 얽매이고 후회 속에 갇혀버린다. 왜 그때 그런 결정을 했을까?라는 생각이 머릿속을 떠나지 않는다. 그러나 이렇게 후회하는 시간에 우리는 더 나은 결정을 내리는 데 필요한 경험을 놓치고 있는 것이다.

잘못된 판단은 우리에게 고통을 주지만, 동시에 더 나은 미래를 향한 열쇠를 제공한다. 그것은 우리가 성장할 수 있는 가장 값진 기회다.

삶은 정답이 없는 문제로 가득 차 있다. 우리의 선택은 때로는 예상치 못한 결과를 가져오기도 한다. 하지만, 이 모든 과정은 우리가 '좋은 판단'에 이르는 길목이다. 잘못된 판단은 단순히 끝이 아니라, 더 나은 결정을 위한 출발점이다.

중요한 것은, 그 잘못된 판단을 어떻게 대하느냐.

그것을 실패로만 정의하고 주저앉아 버릴 것인가, 아니면 그것을 경험으로 승화시켜 더 나은 판단을 위한 자양분으로 삼을 것인가? 잘못된 판단을 두려워하지 말라. 그것이 성공으로 가는 길의 일부라는 것을 기억하라. 아무것도 시도하지 않는 완벽함보다는 잘못된 판단 속에서 얻은 경험이 훨씬 값지다. 우리는 모두 실수를 통해 배우고, 잘못된 선택을 통해 성장하며, 나쁜 판단을 통해 성공에 가까워진다. 그러니 다음번에 당신이 잘못된 판단을 했다고 느낄 때, 그 판단이 결국 당신을 더 나은 결정을 내릴 수 있는 사람으로 만들어 줄 것이다.

잘못된 판단은 실패가 아니라,
더 나은 당신으로 가는 과정이다.

꿈은 머릿속에서 시작되지만,
목표는 손끝에서 만들어진다.

꿈과 목표

어렸을 때 우리는 흔히 '너의 꿈은 뭐야?'라는 질문을 받으며 자랐다. 그 질문에 대해 대답할 때면 사람들은 '참 좋은 꿈이네!'라며 칭찬해 주곤 했다. 하지만 그 순간의 칭찬 뒤에 남는 것은 막연한 공허함이었다. 꿈이란 무엇이고, 그것을 어떻게 이루어야 하는지에 대한 명확한 답을 그 누구도 알려주지 않았기 때문이다.

꿈과 목표는 비슷해 보이지만, 본질적으로 큰 차이가 있다. 꿈은 우리의 마음속에서 피어나는 열망이고, 이상적인 미래를 그리는 상상이다. 그러나 꿈이 단순히 머릿속에 머물러 있다면 그것은 그저 희망일 뿐이다. 반면 목표는 꿈을 실현 가능하게 만드는 구체적인 계획이다. 꿈이 우리의 방향이라면, 목표는 그 방향으로 나아가는 길이다. 꿈은 영감을 주고, 삶에 동기를 불어넣는다.

'나는 성공한 사업가가 되고 싶어.'
'나는 세계적인 요리사가 되고 싶어.'

이런 꿈들은 우리를 앞으로 나아가게 한다.

하지만 꿈만으로는 충분하지 않다. 여기서 멈춘다면 꿈은 그저 환상으로 끝나고 만다. 목표는 이 꿈을 현실로 바꾸기 위한 구체적인 단계다. 꿈이 완성되지 않은 그림이라면, 목표는 그 그림을 실현시키는 설계도다.

예를 들어, 당신이 꿈꾸는 모습이 '세계 최고의 요리사가 되는 것'이라면, 목표는 이를 이루기 위해 명확하게 설정되어야 한다.

'1년 안에 50개의 새로운 요리를 실습하고 완성한다.'
'3개월 동안 하루에 3개의 레시피를 연구하며 메뉴를 개발한다.'
'SNS에 정기적으로 요리 콘텐츠를 업로드해 팔로워를 1만 명까지 늘린다.'

이런 식으로 구체적인 계획을 세우는 것이 바로 목표다. 꿈은 머릿속에서 시작되지만, 목표는 손끝에서 만들어진다.

꿈은 크고 자유로울수록 좋다. 꿈은 우리의 한계를 넘어 새로운 가능성을 열어주고, 상상조차 하지 못했던 삶을 보여준다. 그러나 목표는 현실적이고 측정할 수 있어야 한다. 꿈이 없는 목표는 방향을 잃기 쉽고, 목표가 없는 꿈은 허황된 바람으로 끝날 뿐이다. 꿈은 상상이고, 목표는 실행이다. 이 둘이 만나야만 삶은 변화하기 시작한다.

중요한 것은 꿈과 목표를 연결하는 것이다.

당신이 원하는 미래를 명확히 그려라. 그리고 그 미래를 향해 가기 위한 작은 목표들을 설정하라. 결국, 꿈은 당신이 어디로 가고 싶은지 보여주고, 목표는 당신이 어떻게 그곳에 도달할지 알려준다.

꿈이 없다면 방향을 잃게 되고, 목표가 없다면 멈춰 서게 된다. 당신의 삶에 꿈이라는 열망이 있다면, 지금 바로 그것을 이루기 위한 목표를 세워라. 꿈은 당신이 선택할 수 있는 가장 자유로운 상상이고, 목표는 그 상상을 현실로 만드는 힘이다. 꿈꾸는 것을 두려워하지 말고, 그 꿈을 구체적인 목표로 만들라. 목표를 설정하는 순간, 당신의 꿈은 더 이상 허상이 아닌 실현 가능한 미래가 될 것이다.

기억하라, 꿈은 당신의 내일이고, 목표는 당신의 오늘이다.

비 경력자는 두려움으로 무너지기 쉽고,
경력자는 자만으로 멈춰서기 쉽다.

하지만 두려움과 자만을 넘어서면
누구나 더 큰 성장을 이룰 수 있다.

경력자와 비 경력자

경력이란 시간의 축적이다. 경험이 쌓이고, 반복된 훈련과 노력으로 실력이 다져진다. 하지만 경력이 없는 이들에게는 종종 이 거대한 시간의 벽이 두려움으로 다가온다. '저 사람은 이미 오래전부터 해왔으니, 내가 어떻게 이길 수 있을까?'라는 생각이 머리를 지배한다. 하지만 진실은 다르다. 경력이 없는 것이 약점일 수 있지만, 그것이 패배를 의미하지는 않는다. 경력자는 자신이 쌓아온 반복된 경험에서 강점과 함께 약점을 얻는다. 그것은 바로 고집과 자만심이다. 오랜 경험 속에서 특정한 방식이 옳다고 굳게 믿고, 새로운 방식이나 변화를 받아들이지 않는 고집 그리고 자신의 실력에 대한 지나친 자신감이 자만심으로 이어진다. 반면 비 경력자는 두려움을 가장 큰 약점으로 안고 있다. 실패할까 봐, 남들에게 뒤처질까 봐, 도전조차 두려워하는 마음이 발목을 잡는다.

그렇다면, 비 경력자가 경력자를 뛰어넘는 길은 무엇일까?

그것은 뒤처진 만큼의 노력이다. 비 경력자는 경력자가 쌓아온 시간을 노력으로 압축해야 한다. 하루에 한 걸음 걷는 사람을 이기려면 하루에 두 걸음, 세 걸음 더 걸어야 한다. 그렇게 노력으로 시간의 간극을 메우는 것이다. 하지만 여기에는 중요한 것이 있다. 반복된 노력 속에서도 고집과 자만심에 빠지지 않아야 한다. 반복은 성장을 만든다. 하지만 그 반복 속에서 자신만의 방식에 갇히거나, 어느 순간 '이 정도면 충분하다.' 고 자만하게 된다면, 경력자의 약점을 답습하는 꼴이 되고 만다.

노력은 반드시 겸손과 배움의 자세를 동반해야 한다. 자신이 얼마나 부족한지를 인식하고, 끊임없이 새로운 것을 받아들이려는 마음이 없다면 그 노력은 헛될 뿐이다.

'비 경력자는 두려움으로 무너지기 쉽고, 경력자는 자만으로 멈춰서기 쉽다. 하지만 두려움과 자만을 넘어서면 누구나 더 큰 성장을 이룰 수 있다.'

어떤 일을 시작할 때, 당신이 비 경력자라면 그것은 강점이 될 수 있다. 당신은 아직 굳어진 방식에 얽매이지 않았고, 더 유연하게 배울 준비가 되어 있다. 오히려 당신은 경력자의 고집을 넘어설 가능성을 가지고 있다. 두려움은 도전을 통해 사라지고, 노력은 경력자를 따라잡을 수 있는 날개를 달아줄 것이다. 경력자가 되는 것, 그 자체가 목표가 되어서는 안 된다. 중요한 것은 경력을 쌓으면서도 열린 마음과 겸손을 유지하며 계속 성장하는 것이다. 그리고 비 경력자는 자신의 두려움을 넘어서기 위해, 경력자는 자신의 고집을 경계하기 위해 끊임없이 노력해야 한다.

노력은 두려움을 이기고, 겸손은 고집을 이긴다.
결국, 승리는 자기 자신을 넘어서려는 사람의 것이다.

중요한 것은 자신의 약점을 인지하고, 그것을 넘어서기 위해 매일 한 걸음씩 나아가는 것이다. 이렇게 노력과 겸손이 만들어낸 길 위에서 당신은 누구보다 강해질 것이다.

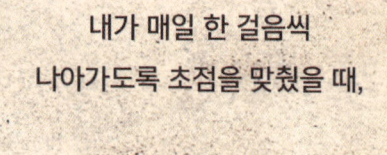

내가 매일 한 걸음씩
나아가도록 초점을 맞췄을 때,

1년 뒤의 나는
상상도 못 했던 위치에 서 있었다.

초점(焦點)

지금의 삶에 변화를 주고 싶다면 먼저 당신이 초점을 맞추고 있는 것이 무엇인지 살펴봐야 한다.

'우리의 삶은 우리가 집중하는 방향으로 움직인다.'

오늘 당신이 어디에 시간을 쓰고, 에너지를 쏟고 있는지가 결국 내일 당신이 서게 될 자리를 결정한다. 대부분의 사람들은 변화를 원한다고 말하면서도 변화의 시작점인 자신을 바라보지 않는다. 환경을 탓하고, 상황을 원망하며, 외부의 조건이 바뀌기만을 기다린다.

그러나 진정한 변화는 외부에서 오는 것이 아니다. 그것은 스스로를 향상시키는 데 초점을 맞출 때 시작된다. 나는 성공한 사람도 아니고 거창한 시작도, 특별한 재능도 없었다. 하지만 매일 나 자신을 조금씩 더 나아지게 만드는 데 집중했다.

'내가 매일 한 걸음씩 나아가도록 초점을 맞췄을 때,
1년 뒤의 나는 상상도 못 했던 위치에 서 있었다.'

이처럼 오늘 당신이 선택하는 초점이 당신의 내일을 결정한다. 만약 당신이 실패에 초점을 맞춘다면 두려움이 당신의 발목을 잡을 것이다. 반대로 성장에 초점을 맞춘다면, 그 방향으로 나아갈 길이 열릴 것이다. 당신의 에너지와 시간은 한정되어 있다.

그렇다면, 그 에너지를 어디에 쓸 것인가?

자신을 향상시키는 일은 어려워 보일 수도 있다. 그러나 그것은 작은 것에서 시작된다. 지금 당신이 서 있는 자리에서 멀리 보지 않아도 된다. 하루에 10분만 매일 자신을 돌아보며 더 나은 선택을 고민하는 것이다. 외부의 조건을 탓하지 말고, 자신을 바라보라.

'당신이 바뀌면 세상도 바뀐다.'

그 작은 변화들이 쌓여 당신을 전혀 다른 사람으로 만들어 줄 것이다. 삶은 당신이 어디에 집중하느냐에 따라 변한다.

오늘 당신이 선택한 초점이 내일의 당신을 만들어 줄 것이다.

마음대로 되지 않는 세상에서 중요한 것은

마음먹는 것에 집착하지 않는 것이다.

그냥 하다 보면

세상을 살다 보면 내 마음대로 되는 일이 거의 없다는 것을 깨닫는다. 아무리 계획을 세워도, 결과는 예상과 다를 때가 많다. 처음엔, 이 사실이 답답했다. 내가 원하는 방향으로 모든 것을 컨트롤할 수 없다는 현실이 힘들게만 느껴졌다. 하지만 시간이 지나면서 알게 되었다. 마음대로 되지 않는 세상에서 중요한 것은 마음먹는 것에 집착하지 않는 것이었다.

그래서 나는 어느 순간부터 마음먹지 않고 그냥 하는 것을 선택했다.

생각이 떠오르면 고민하지 않고 시작했다. 잘 될지, 실패할지를 걱정하지 않고, 행동에만 집중했다. 어차피 마음먹은 대로 되지 않는 세상이라면, 하다 보면 길이 보이지 않을까 하는 단순한 믿음이었다. 처음엔 작은 일부터 시작했다. 생각난 사람에게 바로 연락을 하고, 떠오른 아이디어를 바로 실행에 옮겼다. 별다른 결과를 기대하지 않고 그냥 하다 보니, 예상치 못한 기회들이 찾아왔다. '하다 보면 길이 보인다.' 이 단순한 말이 내가 삶에서 깨달은 가장 현실적인 진리였다. 물론, 하다 보면 실패할 수도 있다. 하지만 실패는 중요한 경험이 된다. 실패를 통해 다음에 어떤 방향으로 가야 할지 배울 수 있다. 무엇보다, 하다 보면 생기는 작은 성취와 성공들이 결국 큰 변화를 만들어낸다.

우리는 종종 너무 많은 생각에 갇혀 시작조차 하지 못한다. '이렇게 하면 잘 될까?' '만약 실패하면 어떡하지?'라는 질문이 머릿속을 떠다니며 행동을 가로막는다. 하지만 중요한 것은 완벽한 계획이 아니다. 작은 한 걸음을 내딛는 용기다. 마음먹은 대로 되는 일은 없다. 하지만 마음먹은 대로 되지 않아도 괜찮다. 중요한 것은 하다 보면 길이 열린다는 것이다. 시작하지 않으면 아무 일도 일어나지 않지만, 시작하면 세상이 그에 반응한다.

'생각하지 말고 시작하라. 그 길이 어디로 향할지는 하다 보면 알게 될 것이다.'

지금 무엇을 망설이고 있다면, 그냥 시작해 보라. 완벽한 계획을 기다릴 필요도, 모든 준비가 갖춰지기를 기다릴 필요도 없다.

떠오른 작은 생각 하나를 행동으로 옮겨보라.
지금 당신의 작은 행동이 미래를 바꿀 첫걸음이 될지도 모른다.

그러니 주저하지 말고, 그냥 시작해 보자. 그냥 하다 보면 된다.

이별 감정이 변화 감정과 같은 이유는 간단하다.
그 감정은 새로운 시작을 향한 다짐이기 때문이다.

이별 감정 = 변화 감정

이별을 하면 모든 이별 노래가 마치 내 이야기를 담은 것처럼 느껴진다. 평소에는 그냥 스쳐 지나갔던 가사가 갑자기 내 마음 깊은 곳을 건드린다. 마치 내가 표현하지 못했던 감정을 대신해 주는 것 같아 더 깊이 공감하게 된다. 그 이유는 이별이라는 감정이 마음 깊숙이 자리 잡기 때문이다. 마음이 그 감정을 받아들이는 순간, 이별과 관련된 모든 것이 더 선명해지고, 더 뚜렷하게 보이기 시작한다. 마치 마음이 이별의 흔적을 감지하고 끌어당기는 것처럼 느껴진다.

변화도 이와 같다. 변화를 간절히 원하면, 그 변화에 필요한 모든 것들이 갑자기 눈앞에 모습을 드러낸다. 변화해야겠다는 생각이 마음에 뿌리를 내리는 순간, 세상 모든 것이 변화의 가능성으로 다가온다. 나도 그런 변화를 간절히 원했던 순간이 있었다. 그때 나는 내가 살던 일상이 너무 싫었다. 반복되는 하루가 갑갑했고, 지금보다 조금 더 나은 삶을 살고 싶었다. 특별한 환경이나 조건을 가진 것도 아니었지만, 더 많은 것을 누리고 싶다는 마음이 간절했다.

그 간절함 하나로 하루하루를 버텼다. 모든 것이 막막하게 느껴졌지만, 내 머릿속에는 끊임없이 '이 삶에서 벗어나고 싶다. 변화하고 싶다.'는 생각이 맴돌았다. 그러다 보니 이상하게도 평소에는 무심히 지나쳤던 것들이 눈에 들어오기 시작했다. 책 한 권의 문장, 거리의 간판, 누군가의 무심한 말 한마디까지도 내게 변화를 위한 실마리가 되어주었다.

그때 알았다. 변화를 이끄는 것은 특별한 기회나 환경이 아니라, 마음속 간절함에서 시작된다는 것을 간절히 원하기 시작하면, 세상은 내가 원하는 방향으로 응답하기 시작한다. 평범해 보였던 일상도 변화를 위한 단서들로 가득 차게 된다. 이별이 끝나야 새로운 시작이 찾아오듯, 변화는 간절히 바라는 마음에서 시작된다. 그 마음이 세상을 다르게 보이게 만들고, 모든 것이 새롭게 느껴지기 시작한다. 결국 변화를 이끄는 것은 내 안에서 시작된 결심과 간절함이다.

지금, 이 글을 읽는 당신도 어쩌면 변화를 원하고 있을지도 모른다. 불안하거나 초조한 마음이 당신을 괴롭힐지도 모른다. 하지만 그 감정은 이미 당신이 변화의 길 위에 서 있다는 증거다.

변화는 특별한 사람만 할 수 있는 것이 아니다. 누구든 간절히 원하기만 하면 변화는 시작된다. 그리고 그 간절함이 당신을 조금씩 더 나은 방향으로 데려다줄 것이다. 당신이 지금 답답하게 느끼는 일상과 나아가고 싶다는 마음, 그것만으로도 이미 당신은 변화를 시작한 것이다. 그 간절함을 믿어라. 당신이 서 있는 자리도, 느끼는 모든 감정도 앞으로 나아가기 위한 과정의 일부다.

이별 감정이 변화 감정과 같은 이유는 간단하다.
그 감정은 새로운 시작을 향한 다짐이기 때문이다.

'재능은 태어날 때부터 만들어지는 것이지만,
관심은 없는 재능을 만들어낸다.'

잘하고 싶은 마음, 그것을 행동으로 옮기는
당신의 관심도가 결국 당신의 삶을 바꿀 것이다.

관심도(關心度)

관심도는 재능을 뛰어넘는 힘이다. 세상에는 타고난 재능으로 성공을 거둔 사람들의 이야기가 많지만, 그 이면을 들여다보면 단순한 재능 이상의 무언가가 있었다는 것을 알 수 있다.

진정한 성공은 재능의 유무가 아니라 잘하고 싶은 마음, 즉 관심도에서 비롯된다. 관심도는 단순히 무언가에 흥미를 느끼는 것을 넘어, 그것을 꼭 이루고 싶다는 간절함을 의미한다. 이 간절한 마음은 실수를 두려워하지 않게 만들고, 시행착오를 통해 배우며, 쉽게 포기하지 않는 강인함을 준다.

많은 사람들이 '나는 재능이 없다.'라며 도전을 망설이지만, 결국 중요한 것은 타고난 재능이 아니라 얼마나 마음을 기울이고 노력하는가이다. 관심을 가지면 방법을 찾게 되고, 그 방법을 실행하며 자연스럽게 실력을 키울 수 있다.

예를 들어, 처음에는 무언가 서툴렀던 사람도 진심으로 잘하고 싶다는 마음만 있으면 꾸준한 시도 끝에 어느새 전문가의 경지에 오를 수 있다. 반대로, 뛰어난 재능을 타고난 사람이라도 관심과 열정이 부족하다면 그 재능은 빛을 잃기 마련이다.

관심도는 선택할 수 있는 재능이다.

재능은 출발선을 앞당길 수 있지만, 결승선을 통과하게 하는 힘은 관심도에서 나온다. 많은 사람들이 뛰어난 재능을 부러워하지만, 사실 세상에서 성공한 사람들의 공통점은 재능이 아니라 꾸준히 집중하고 노력한 관심에 있다.

당신이 하고 싶은 일에 얼마나 마음을 쏟는가가 곧 당신의 성과를 결정한다. 관심도는 단순한 동기가 아니라, 어떤 어려움에도 굴하지 않고 끝까지 나아가게 하는 원동력이다.

**'재능은 태어날 때부터 만들어지는 것이지만,
관심은 없는 재능을 만들어낸다.'**

잘하고 싶은 마음, 그리고 그것을 행동으로 옮기는 당신의 관심도가 결국 당신의 삶을 바꿀 것이다.

'무엇을 하든, 지금, 이 순간부터 마음을 다해 집중하라.'
그것이 곧 당신의 인생을 성공으로 이끄는 첫걸음이 될 것이다.

스토리텔링은 타고나는 것이 아닌

연습을 통해 성장한다.

스토리로 마음을 움직여라

사람들은 단순히 정보를 듣는 것보다 마음을 울리는 이야기에 더 크게 공감하고 설득당한다. 아무리 좋은 아이디어나 메시지가 있어도, 그것을 제대로 전달하려면 이야기가 필요하다. 이야기는 단순히 정보를 넘어서 청중이 감정을 느끼고 몰입하게 하는 힘이 있기 때문이다. 설득력 있는 스토리에는 구조가 필요하다. 이야기는 시작, 중간, 끝이 있어야 하며, 그 안에 우리가 겪은 여정이 녹아들어야 한다. 예를 들어, 한 사람의 새로운 도전을 이야기할 때, 단순히 그가 어떤 목표를 세우고 어떻게 성공했는지를 말하는 것이 아니라, 그 과정에서 느꼈던 두려움과 어려움, 이를 이겨내기 위해 했던 노력의 이야기를 덧붙인다면 청중은 더 깊이 공감하게 된다. 이처럼 목표와 의지를 담아 진솔하게 이야기할 때, 우리는 상대방의 마음을 움직일 수 있다. 청중을 이해하는 것도 중요하다. 우리가 들려주는 이야기가 상대방에게 잘 전달되도록 간결하고 솔직하게 표현해야 한다. 복잡한 용어나 어려운 설명을 줄이고, 듣는 사람의 마음속에 쉽게 다가갈 수 있는 표현을 선택해야 한다. 청중의 시간과 관심을 존중할 때, 그들은 우리의 진심을 느끼게 된다.

스토리텔링은 타고나는 것이 아닌 연습을 통해 성장한다. 좋은 스토리텔링은 하루아침에 이루어지지 않는다. 여러 이야기를 듣고, 자신의 이야기를 만들며 스토리텔링을 꾸준히 연습하다 보면 더 설득력 있는 스토리텔러로 성장할 수 있다. 우리의 삶 속에서 경험한 일들을 이야기로 엮어낼 때, 그것은 단순한 설명을 넘어 사람들의 마음을 움직이고 영감을 주는 도구가 된다. 마음을 움직이는 이야기를 통해 상대방과 공감과 신뢰를 쌓아보자.

그 순간, 당신의 이야기는 단순한 설명이 아닌, 마음속에 남는 진정한 설득이 될 것이다.

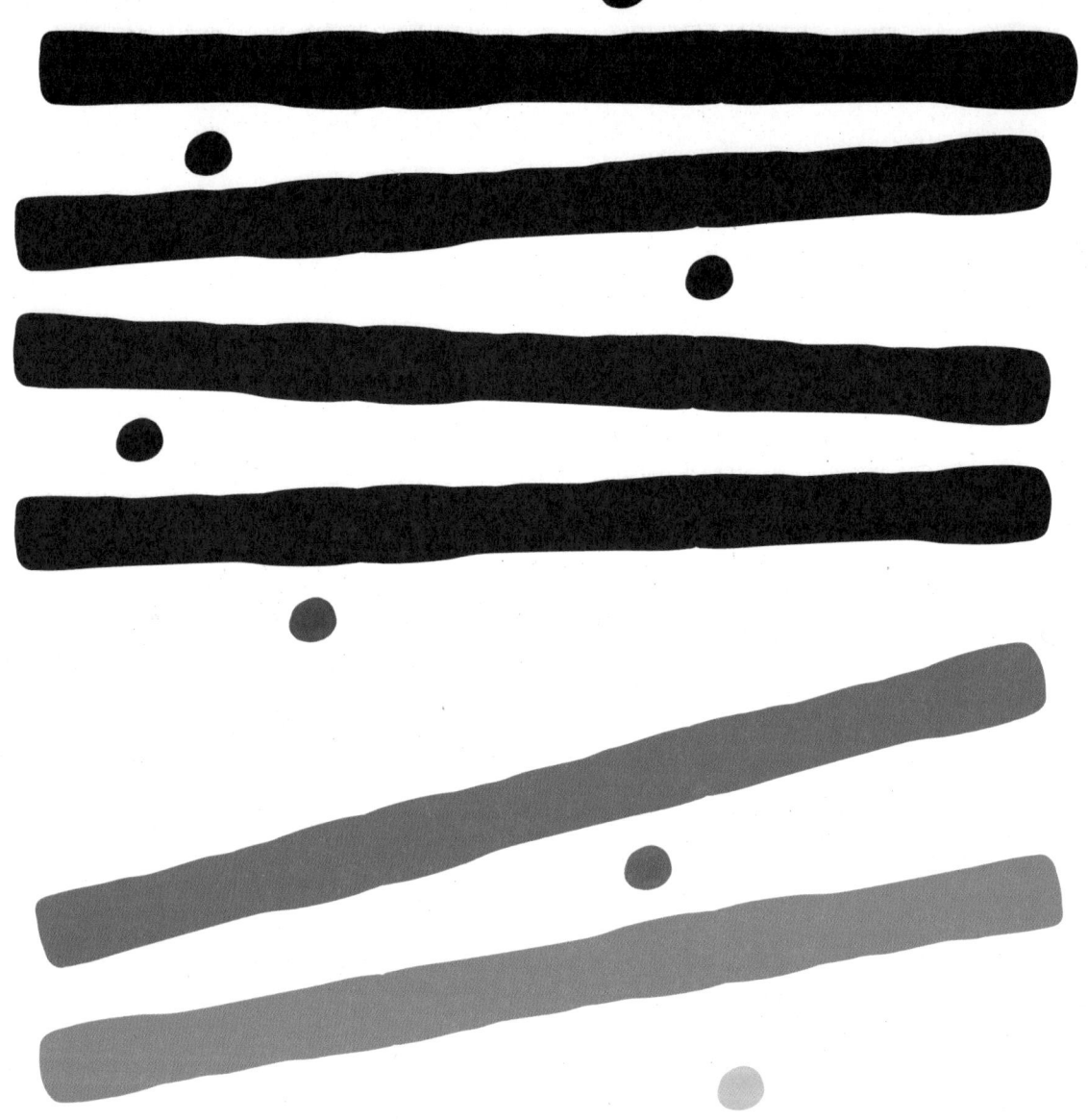

작품은 그 자체로는 아무런 이야기도 하지 않는다.

작품에 진정한 생명을 불어넣는 것은 그 안에 담긴 이야기이다.

스토리가 작품이다,

작품은 그 자체로는 아무런 이야기도 하지 않는다. 작품에 진정한 생명을 불어넣는 것은 그 안에 담긴 이야기이다. 단순히 물건을 모으고 만들어 놓는 것만으로는 충분하지 않다. 우리가 무엇을 담고, 어떻게 그 이야기를 풀어내는지가 작품의 진정한 가치를 결정한다.

예를 들어, 중고 상점에서 낡은 찻잔 하나를 발견했다고 생각해 보자.

처음에는 그저 몇천 원짜리 평범한 찻잔으로 보일 수 있다. 하지만 상점 주인이 이 찻잔이 과거에 왕실에서 사용되었고, 특정한 역사적 사건과 연관되어 있다고 이야기해 준다면, 그 찻잔의 가치는 눈에 띄게 달라질 것이다. 이제 이 찻잔은 단순한 도자기가 아니라, 역사와 이야기를 간직한 소중한 유물이 되며, 그로 인해 몇 배의 가격을 지불할 가치가 있다고 여겨지게 된다.

이야기가 덧붙여지는 순간, 그 찻잔은 본래의 가격을 넘어선 가치와 의미를 지니게 된다. 이처럼 스토리는 단순한 감정적 판단을 넘어 작품의 진정한 가치를 결정짓는 강력한 힘을 가진다.

사람들은 작품 그 자체보다는 그 속에 담긴 이야기와 맥락을 통해 감동하고 공감하게 된다. 단순히 물건을 보지 않고, 그 안에 깃든 사람들의 삶과 경험, 역사를 보게 되는 것이다. 작품이 어디서 왔는지, 누가 만들었는지, 어떤 사연이 담겨 있는지를 알 때, 우리는 그 작품을 단순한 물건이 아니라 우리 마음을 울리는 예술로 느낀다.

결국, 스토리가 작품이다.
우리가 무엇을 만들든, 어떤 경험을 쌓든,
그 안에 담긴 이야기가 없다면 그것은 그저 사물에 불과할 뿐이다.

**스토리가 우리의 작업에 생명력을 불어넣고,
사람들의 마음에 울림을 주는 힘이 된다.**

우리가 남긴 모든 흔적, 경험, 이야기들이 쌓여서 세상에 하나뿐인 작품이 되는 것이다. 진정한 작품은 단지 눈에 보이는 것이 아니라, 그 안에 담긴 의미와 스토리를 통해 완성되는 것이다. 삶 또한 마찬가지다. 우리의 삶은 단순히 경험의 나열이 아닌, 각자의 이야기를 세상에 남기는 과정이다. 내 이야기가 사람들과 연결되고, 그 울림이 다른 이들에게 영감을 줄 수 있을 때, 그 순간이야말로 내 삶이 작품이 되는 순간이다.

가장 큰 문제는 우리가 문제를 만들지 않으려 애쓰는
마음과 행동에서 시작된다.

문제를 만들지 않는 게 가장 큰 문제

삶은 본질적으로 문제를 해결해 나가는 과정이다. 어떤 일을 하다 보면 크고 작은 문제들이 생기기 마련이고, 그 문제를 해결하면서 우리는 스스로 변화와 성장을 경험한다. 하지만 가만히 돌아보면, 우리를 진정으로 막아서는 것은 외부에서 오는 문제들이 아니다. 가장 큰 문제는 우리가 문제를 만들지 않으려 애쓰는 마음과 행동에서 시작된다. 문제를 피하려는 태도, 실수를 두려워하는 마음, 변화와 불확실성을 외면하려는 습관이야말로 우리의 발목을 잡는 가장 큰 원인이다. 문제를 만들지 않으려는 생각은 안전해 보인다. 무엇을 하든 위험을 최소화하고, 실패를 피하려는 시도는 현명해 보일지도 모른다.

하지만 그 태도는 우리를 정체된 상태에 가둔다. 문제를 만들지 않으려는 노력은 결국 아무것도 시도하지 않는 결과로 이어지기 쉽다. 변화는 멈추고, 도전은 사라지며, 우리의 가능성은 그대로 묻혀 버린다. 우리는 더 이상 성장하지 않고, 한자리에 머물며 더 큰 두려움 속에 갇히게 된다.

문제를 만들지 않으려는 태도는 겉으로는 평화를 유지하는 것처럼 보일 수 있지만, 사실 그것은 가장 큰 문제를 만들어내는 시작점이다. 문제를 만들지 않으려는 태도를 내려놓고, 문제를 해결하려는 태도를 받아들여야 한다. 문제는 우리가 선택할 수 있는 것이 아니다. 그것은 우리 삶의 필연적인 일부다.

문제를 만들지 않으려 애쓰는 대신, 문제를 기꺼이 받아들이고 그 안에서 배우는 방법을 찾아야 한다. 문제는 우리를 무너뜨리기 위해 존재하는 것이 아니라, 우리가 더 높은 곳으로 올라가기 위한 하나의 방법으로 존재한다. 삶은 우리에게 문제를 던지며 우리를 시험하지만, 동시에 우리를 준비시킨다.

문제는 우리의 가능성을 깨우고, 우리가 진정으로 원하는 삶에 다가갈 수 있도록 돕는다.

결국, 가장 큰 문제는 문제를 만들지 않으려는 우리의 마음이다.

내가 더 나은 사람이 될수록,

내가 불만을 느꼈던 부분도 자연스럽게 해결되는 경우가 많다.

너나 잘하세요, 말고, 나나 잘하세요,

누군가의 행동이나 결과에 불만이 생길 때가 있다. 그때 우리는 쉽게 비난하거나 시비를 걸고 싶어지지만, 그 에너지를 상대방에게 쏟는 대신 자신에게 집중하는 것이 중요하다. 남의 단점을 지적하기보다는 그 불만과 분노를 나만의 발전과 성취를 위한 동력으로 활용하라. 예를 들어, 팀 프로젝트에서 다른 사람의 부족한 부분이 눈에 띄어 화가 난다면, 그 에너지를 내가 맡은 부분을 완벽하게 해내는 데 쏟아보라. 그들의 실수를 탓하기보다는 내가 할 수 있는 최선을 다하고, 내 역량을 높이는 데 집중하는 것이다. 창작하고 싶지만, 여건이 안 되어 불평하고 싶어질 때도 있다. 그러나 그런 불만을 억누르고 현재 내가 할 수 있는 일부터 작은 것이라도 시작하라. 글을 쓰고 싶다면 매일 짧게라도 글을 쓰고, 그림을 그리고 싶다면 작은 스케치라도 하면서 점차 성장해 보자.

결국, 다른 사람을 비판하거나 논쟁하는 데 시간을 보내기보다는, 그 에너지를 나 자신을 향상시키는데 쓰는 것이 진정한 의미에서 나에게 도움이 된다. 내가 더 나은 사람이 될수록, 내가 불만을 느꼈던 부분도 자연스럽게 해결되는 경우가 많다.

'너나 잘하세요. 말고 나나 잘하세요.'라는 마음가짐으로 스스로를 성장시키는 것이야말로 진정한 발전의 길이다.

진정한 가치는 나 혼자 간직할 때가 아니라,
그것을 나누고 활용할 때 비로소 드러난다.

아끼다 '똥' 된다,

세상에는 쌓아두는 것만으로는 결코 그 진가를 발휘할 수 없는 것들이 있다. 지식, 경험, 열정, 그리고 나의 고유한 이야기가 바로 그것들이다. 많은 사람들은 더 좋은 날이 오길 기다리며 자신이 가진 것을 아껴두려 한다. 하지만 그렇게 머뭇거리다 보면 결국 그 순간은 오지 않을 수도 있다. 진정한 가치는 나 혼자 간직할 때가 아니라, 그것을 나누고 활용할 때 비로소 드러난다.

경험은 나누는 순간, 지식은 가르치는 순간, 열정은 쏟아붓는 순간 살아 숨쉬기 시작한다. 아낌없이 내어놓을 때, 그 안에 담긴 내 이야기는 사람들에게 진정한 울림을 주고, 더 큰 가치를 만들어낸다. 아끼기만 하며 쌓아두는 동안, 시간은 흘러가고 그 가치들은 사라져 버릴지 모른다.

내가 가진 모든 것들을 세상에 드러내고, 진심으로 표현하며 살아가자. 그것이야말로 나를 진정으로 빛나게 하는 길이고, 내가 존재한 흔적을 남기는 방법이다.

생각은 방향을 제시하고,
집착은 그 방향으로 나아가게 한다.

생각의 끈  집착(執着)

사람들은 흔히 '생각한 대로 이루어진다.'는 말을 한다. 많은 책이나 강연에서 꿈꾸는 대로 이룰 수 있다는 메시지를 전하지만, 정작 중요한 것은 그 생각을 어떻게 지속하고 행동으로 옮기느냐는 점이다. 단순히 한 번 떠오른 생각만으로는 아무것도 바뀌지 않는다. 중요한 것은 그 생각에 집착하는 것이다. 끊임없이 그 생각을 붙들고 행동으로 이어질 때까지 놓지 않는 집착이야말로 변화를 만든다.

'나는 성공할 거야,' '나는 부자가 될 거야.' 이런 막연한 다짐은 누구나 할 수 있다. 하지만 그 생각이 진짜 힘을 발휘하려면 단순히 떠올리는 데 그치지 말아야 한다. 하루 종일, 그리고 매일같이 그 생각에 집착하며 살아가야 한다. 그리고 무엇보다 중요한 것은 그 생각의 끈을 절대 놓지 않는 것이다. 생각의 끈이 끊어지는 순간, 모든 행동은 멈추고 그 생각은 흔적도 없이 사라지기 때문이다.

'생각은 방향을 제시하고, 집착은 그 방향으로 나아가게 한다.'

일을 할 때도 마찬가지다. 처음에는 맡은 일을 '할 수 있다.'는 생각으로 시작했을 것이다. 그러나 그 생각의 끈을 놓아버리는 순간, 그 일은 더 이상 중요하지 않은 일이 되어버린다. 머릿속에서 사라진 생각은 행동으로 이어질 수 없다. 일을 놓친 사람들은 흔히 '깜빡했어요,' '다른 일이 바빠서 잊어버렸어요.'라고 말하며 그냥 지나쳐 버린다. 이는 결국 그 일에 대한 생각에 집착하지 않았다는 증거다. 그 생각에 집착하지 않으면, 아무리 중요한 일도 뒷전으로 밀려나고 결국 잊히고 만다.

'생각의 끈이 끊어지는 순간, 행동의 기회는 사라진다.'

모든 변화는 작은 행동에서 시작된다. 하지만 그 행동은 생각의 끈을 놓지 않는 사람만이 할 수 있다. 생각의 끈을 놓아버리면 모든 것이 제자리로 돌아간다. 생각의 끈을 유지하지 못하는 사람들은 행동하기 전에 이미 다른 생각들에 휩싸인다. 오늘은 어떤 계획을 세웠더라도 내일이면 새로운 생각이 들어와 그 계획을 덮어버린다. 행동하지 못하는 이유는 단순하다. 생각에 대한 집착이 부족해, 기존 생각의 끈을 놓아버렸기 때문이다. 새로운 생각이 찾아와도 기존의 생각을 행동으로 옮기기 전에는 절대 놓지 말아야 한다. 생각의 끈을 놓아버리면 모든 것이 제자리로 돌아간다.

생각의 끈을 놓지 않는 것이야말로 행동과 성과를 만드는 핵심이다. 생각의 끈을 붙들고 끝까지 이어가는 것은 단순한 집중이 아니라 집착이다. 집착은 부정적인 단어로 느껴질 수 있지만, 올바른 방향의 집착은 행동으로 이어지는 강력한 동력이 된다. '이 문제를 어떻게 해결할까?' '내가 맡은 일을 어떻게 더 잘할 수 있을까?' 같은 질문을 끊임없이 던지며 생각의 끈을 붙잡고 살아가야 한다.

'집착이란 곧 행동으로 이어지는 의지의 끈이다.'

우리는 종종 새로운 자극과 생각들로 인해 기존의 계획을 잊어버린다. 그러나 당신이 원하는 변화를 이끌어내고 싶다면, 지금 붙들고 있는 그 생각의 끈을 놓지 말아야 한다. '내일 해야지'라는 마음은 생각의 끈을 끊어버리는 가장 위험한 습관이다.

지금 당신이 해야 할 것은, 오늘 해야 할 일을 내일로 미루지 말고, 오늘 붙잡은 생각을 끝까지 물고 늘어져야 한다.

'행동은 결과를 만든다. 다만, 그 결과는 당신의 집착에서 시작된다.'

생각의 끈을 붙들고, 집착하며, 행동으로 옮겨라. 그것이 당신이 원하는 변화를 만드는 가장 확실한 방법이다.

나만의 비밀 연습

인턴 때부터 해왔던 나만의 비밀 연습.

그 시절 가발 살 돈이 없어 누군가 망쳤다고 버린 가발들을 모아 집으로 가지고 와서, 커트 없이 가발 형태 그대로 드라이 도구를 사용해 다양한 형태를 만들기 위한 노력. 디자인에는 정답이 없고, 세상에 망친 머리는 없다는 생각.

누군가 망쳤다고 생각했던 길이와 형태 안에도 분명 아름다움이 숨어있고, 그 아름다움을 찾기 위해 하나의 가발로 커트 없이 10가지 100가지 디자인 형태를 만들기 위해 노력했던,

그 형태가 예쁜가, 안 예쁜가, 이런 게 중요한 것이 아닌, 내가 바라보고 있는 그 가발 안에서 내가 얼마나 다양한 형태를 상상하고 표현해 낼 수 있는지가 중요하다고 생각했던, 그렇게 지금까지도 반복하고 있는 나만의 비밀 연습.

내가 지금까지도 이 연습을 반복하고 있는 이유는, 내가 언젠가는, 스스로 커트를 망쳤다고 생각하는 사람들에게, 망친 게 아닙니다. 선생님의 생각과 다르게 잘린 것뿐입니다. 보세요, 생각과 다르게 잘리더라도 이렇게 예쁜 디자인을 만들어 낼 수 있습니다.

지금 선생님의 행동을 틀리지 않았습니다. 생각과 다르게 잘렸기에 한 번도 생각하지 못한 이렇게 멋진 디자인이 탄생한 것입니다. **선생님은 오늘 틀린 게 아닌 한 번 더 성장하신 겁니다.**라고, 당당히 말할 수 있는 그런 날이 오지 않을까라는 믿음 때문인 것 같다.

한계적

관점.

지하 4평 공간에 나를 감금하다.

카핑컷 교육이 만들어지기 전, 나는 여러 지인들과 함께 다양한 사업을 시작했지만, 결과는 실패로 돌아갔다. 사업 실패로 빚만 늘어났고, 금전적 어려움은 날로 커졌다. 생계를 유지하기 위해 어떻게든 돈을 벌어야 했던 절박한 상황에서, 나는 지인들과 사용하던 지하 공간에 자바라를 설치해 작게 공간을 나누고, 그곳에 나를 감금하기로 결심했다. 그 시기는 내 인생에서 가장 불안하고 초조하며, 가난과 싸워야 했던 시기였다. 이 모든 걱정과 불안을 벗어나기 위해 세상과 단절하고, 주변 사람들과의 관계를 잠시 접어두기로 했다.

오로지 나만의 새로운 무언가를 만들어 내기 위해, 나는 그 작은 지하 공간에 나 자신을 가두고 몰두하기로 했다. 바로 그 시기에 탄생한 것이 '카핑컷'공식이었다. 사진을 보고 헤어디자인을 똑같이 재현해 내는 기술, 경력이 없는 사람도 쉽게 따라 할 수 있는 공식을 만들기 위해 매일매일 몰두했다. 그 공간에서 나는 카핑컷교육의 깊이를 더하고, 체계적인 시스템을 하나씩 구축해 나갔다. 펜, 메모지를 옆에 두고 끊임없이 아이디어를 기록하며, 떠오르는 영감과 생각을 정리했다. 비록 스스로를 고립시키는 감금 상태였지만, 이 과정은 오히려 진정한 창의성을 발견할 수 있는 기회가 되었다. 스스로 선택한 고독의 순간은 내게 깊은 자신감을 안겨주었다.

주변과 단절된 채 조용히 나만의 시간을 즐기는 가운데, 오히려 세상이 나에게 영감을 주는 듯한 느낌을 받았다. 관계를 맺을 수 있는 사람들은 언제든 생길 수 있었지만, 나는 이 고독의 시간을 온전히 누리며 나만의 세상을 구축해 나갔다. 사진의 헤어디자인을 똑같이 만드는 카핑컷 공식은 바로 이러한 자발적인 고독과 감금 상태 속에서 탄생한 결과물이었다. 여건이 허락하지 않는다면 잠시 자연 속에서라도 고독과 감금의 순간을 찾아볼 수 있을 것이다. 그러나 나에게는 그 지하 4평 공간으로 충분했다.

그 공간에서 세상과 단절된 채 내 모든 생각과 열정을 카핑컷 공식을 만드는데 쏟아 부었고, 그 시기에 아이디어, 그리고 경험들이 쌓여 누구나 순서대로만 커트하면 사진 속 헤어디자인이 똑같이 만들어지는 카핑컷 공식을 만들게 되었다.

가끔은 세상과 단절하고 나만의 시간을 가지는 것이 필요하다.

그 고요함 속에서 우리는 자신이 진정으로 원하는 것을 찾고,
자신만의 독창적인 길을 개척할 수 있는 힘을 얻게 된다.

'재미는 시작에 있는 것이 아니라, 성취한 끝에 있다.'

'당신이 멈추지 않는 한, 당신은 반드시 도달한다.'

사람은 못 하는 게 없다.

살다 보면 스스로를 한계에 가두는 사람들이 있다. '나는 원래 이걸 못해', '저건 나랑 안 맞아', '내가 어떻게 저걸 해.' 같은 말을 하며 스스로 한계의 벽을 만들어버린다.

그러나 한 걸음 물러서서 바라보면 진실은 명확하다. 사람은 못 하는 것이 없다. 다만 각자 잘하게 되는 시간이 다를 뿐이다. 어떤 사람은 빠르게 배운다. 능력이 뛰어나거나, 환경이 맞거나, 운이 따르거나. 하지만 그렇지 않은 사람들도 있다. 이들은 더디게 배운다. 시작이 남들보다 늦을 수도 있다. 그러나 그것이 불가능을 의미하지는 않는다. 모든 사람은 결국 자신만의 속도로 도달할 수 있다. 중요한 것은 그 속도를 인정하고, 그 길 위에서 멈추지 않는 것이다.

우리는 종종 스스로에게 '이건 너무 어렵다.'는 말을 한다. 하지만 생각해 보면, '어렵다.'라는 말도 일종의 습관이다. 그 일이 어려운 게 아니라 단지 **처음 해보거나, 충분히 반복하지 않았을 뿐이다.** 반복 속에서 익숙해지고, 익숙함 속에서 능숙해진다. 결국, '어렵다.'는 말은 새로운 배움 앞에 선 자신을 방어하는 변명에 불과하다. 어렵게 느껴질수록 그것이 당신에게 성장의 기회임을 기억하라. '어렵다.'는 말 대신 '아직 익숙하지 않다.'라고 바꿔 생각해 보라. 그러면 그 순간부터 가능성은 열리기 시작한다. 결국, 어려움은 지속되는 것이 아니라 사라지는 것이다.

사람들은 흔히 무언가를 시작할 때 재미가 있어야 한다고 생각한다. 그래서 재미없는 일 앞에서 망설이고 포기한다.

하지만 세상에는 처음부터 즐거운 일이라는 것은 거의 없다. 내가 재미없다고 여긴 일도, 시간이 지나 내가 그 일에 능숙해지고, 그로 인해 더 많은 성취를 얻게 된다면, 그 일이 가장 즐거운 일로 변하기도 한다. 진짜 재미는 성취에서 온다. 능숙함이 성취를 만들고, 성취가 즐거움을 만든다. 지금 재미없다고 포기한다면, 그 일이 당신에게 가장 큰 보람으로 바뀔 순간은 영원히 오지 않는다.

'재미는 기다리는 것이 아니라 만들어가는 것이다.'

처음에는 억지로라도 시작해야 한다. 재미는 노력이 쌓이고 결과가 따라올 때 뒤늦게 찾아오는 것이다. 삶에서 가장 큰 실패는 포기다. 사람은 무엇이든 할 수 있는 능력을 가지고 태어난다. 새롭게 시작하는 어떤 일이든 처음에는 실수 투성이일 것이다. 그러나 그 실수들이 쌓여 결국은 당신만의 능력이 된다.

지금 하고 있는 일이 재미없고 어렵게 느껴질 수 있다. 하지만 그것이 당신의 가능성을 부정하지는 않는다. 중요한 것은 당신의 시간 안에서 오늘 한 발 내일 또 한발씩 꾸준히 걸어가는 것이다. 어려움과 지루함은 과정을 넘어설 때 의미가 된다. 그리고 그 의미는 당신을 더 높은 곳으로 데려다줄 것이다.

기억하자. 사람은 못 하는 게 없다. **당신도 예외는 아니다.**

ATTENTION

관종이라는 단어는 단순히 주목받으려는 마음이 아니라,

더 나은 방향을 찾고 자신을 성장시키려는 마음으로 재해석할 수 있다.

내 안의 '관종'을 깨워라

우리는 흔히 '관종'이란 단어에 부담을 느낀다. 유명해지고 싶지 않고, 관심을 받는 것이 불편하며, 남들 앞에 나서는 것을 꺼리는 마음 또한 우리 내면의 일부이다. 이러한 마음 때문에 우리는 때때로 자신을 가리고 조용히 사는 것을 선택하게 된다. 하지만 그 속에 더 깊이 숨겨져 있는 또 하나의 자신, 세상에 자기만의 목소리를 내고 싶은 '또 다른 나'라는 인격이 존재한다는 사실을 잊지 말아야 한다. '내 안의 관종을 깨워라'는 단순히 주목받기 위해 나서라는 의미가 아니다. 오히려 그 반대다. 누구나 세상에 자신의 고유한 이야기를 가지고 있고, 그 이야기를 통해 다른 이들과 소통하며 자신을 발견하는 과정이 중요하다는 것을 뜻한다.

유명해지기 위한 과정이 아니라, 스스로를 더 깊이 이해하고 발견하기 위한 첫걸음이다. 내 안의 숨겨진 '관종'을 깨운다는 것은, 내가 원치 않더라도 나만의 이야기를 세상과 공유해 보는 경험을 통해 새로운 자신을 발견하는 기회를 얻는 것이다. 이를 통해 우리는 지금까지 보지 못했던 자신을 마주할 수 있다.

관종이라는 단어는 단순히 주목받으려는 마음이 아니라, 더 나은 방향을 찾고 자신을 성장시키려는 마음으로 재해석할 수 있다. 혹시나 자신을 드러내는 것이 부담스럽고 두려워도, 그 경험을 통해 지금껏 알지 못했던 또 다른 나를 발견하게 될 것이다. 그 과정에서 새로운 방향성을 찾을 수 있고, 예상하지 못했던 자신만의 가능성을 보게 될지도 모른다. 나 자신을 더 깊이 이해하고, 더 나아가 세상과의 소통을 통해 나의 고유한 색깔을 찾아가는 여정이 될 것이다.

이제는 내 안에 숨겨진 관종을 깨워 보자.
이 과정이 당신에게 전혀 새로운 시각과 경험을 선물할 것이다.

내가 하기 싫은 건, 남들도 하기 싫을 것이다.
결국 차별성은 하기 싫은 것에서 만들어진다.

하기 싫은 노력

세상에는 두 부류의 사람들이 있다. 해야 할 일을 알면서도 하지 않는 사람들과, 그 일이 하기 싫더라도 끝까지 해내는 사람들, 두 그룹 모두 성공과 변화를 꿈꾸지만, 그 결과는 전혀 다르다. 많은 사람들이 성공을 원하지만, 성공은 단순히 좋아하는 일만으로 이루어지지 않는다. 좋아하는 일 안에는 반드시 하기 싫은 일이 포함되어 있다. 꿈꾸던 무대에 서기 위해 끝없이 연습해야 하고, 원하는 자리에 오르기 위해 더 이상 미룰 수 없는 일들을 해내야 한다.

'하기 싫은 일을 습관으로 만드는 사람이 결국 원하는 것을 얻는다.'

하기 싫은 일을 꾸준히 해내는 힘. 이것이야말로 진짜 노력이다. 좋아하는 일을 반복하는 것은 누구나 할 수 있다. 그러나 하기 싫은 일을 반복해 그것을 익숙함으로 바꾸는 노력은 아무나 할 수 있는 것이 아니다. 결국 성공은, 하기 싫은 일을 얼마나 빨리 습관으로 만들 수 있는가에 따라 결정된다.

나도 한때는 하기 싫은 일을 피하고 싶었다. 카핑컷 강의를 시작했을 때, 나는 단순히 기술만을 가르치는 것이 아니었다. 고객을 이해하고, 고객이 원하는 기술을 배우고, 고객과의 관계를 유지하는 모든 과정을 강의에 포함시켰다. 이 모든 것을 가르치기 위해서는 엄청난 시간이 필요했다. 강의가 길었고, 때로는 교육이 반복되다 보니 지칠 때도 많았고, 하기 싫을 때도 있었다.

그러나 내가 원하는 것을 이루기 위해서라면, 그 과정이 아무리 힘들고 하기 싫어도 해야 한다는 것을 알았다. 그렇게 나는 하기 싫은 일을 반복했다. 억지로라도 시작했고, 버티며 이어갔다. 어느 순간, 지겨운 반복은 익숙함이 되었고, 결국 내 삶을 바꾸는 습관이 되었다.

우리는 가끔 자신에게 묻는다. '나는 정말 노력하고 있는가?' 하지만 그 질문에 답하기 전에 스스로에게 물어야 한다. 내가 지금 하고 있는 노력은 내가 좋아하는 일을 반복하는 것인가, 아니면 하기 싫은 일을 반복하여 그것을 습관으로 만들고 있는가? 하기 싫은 일을 꾸준히 해내는 것은 단순한 의지가 아니다. 그것은 유혹을 이겨내고, 그 과정을 통해 자신의 한계를 뛰어넘으려는 의지의 결정체다. 나 역시 강의를 하며 수많은 유혹을 이겨내야 했다. 더 쉬운 길을 선택하고 싶을 때마다, 내가 원하는 결과를 떠올렸다.

'내가 하기 싫은 건, 남들도 하기 싫을 것이다.
결국 차별성은 하기 싫은 것에서 만들어진다.'

지금 당신이 원하는 목표를 생각해 보라.
그 목표를 이루기 위해 해야 할 일 중, 가장 하기 싫은 것이 무엇인가?
그것을 찾고, 그 일을 반복해라.

'**노력은 좋아하는 일을 반복하는 것이 아니라,
하기 싫은 일을 반복하는 것이다.**'

마지막으로 다시 묻겠다. 당신은 진정 노력하고 있는가?

내가 느끼는 이 간절함은 진짜일까,
아니면 끈기로 포장한 단순한 오기일까?

'간절함은 타고나는 것이 아니라 행동으로 만들어지는 것이다.'
기억하자. 변화는 당신의 속도를 기다려주지 않는다.

간절함! 타고나는 것인가?

나는 미용사로서 디자이너 생활과 강사 생활을 병행하던 시절, 모든 미용 기술을 완벽히 익히고 싶다는 갈망에 사로잡혀 있었다. '미용사라면 못 하는 시술이 없어야 한다.'는 신념은 내 마음을 사로잡았고, 기술적으로 빈틈이 없는 사람이 되기 위해 끊임없이 채우려는 열망에 몰두했다. 그 과정에서 나는 일반적인 미용실에서는 거의 다루지 않는 특수 머리 기술에 대해 알게 되었다. 브레이즈, 콘로우, 드레드와 같은 특수 머리는 흔히 시도되지 않는 기술이었지만, 그때의 나는 미용사로서 반드시 배워야 한다고 생각했다. 그래서 새로운 도전을 결심하게 되었다. 그 무렵 우연히 본 헤어 잡지에서 특수 머리 기술을 연재하는 갱스터 헤어라는 이름의 미용실을 알게 되었다. 그 순간, 그곳에서 일하고 싶다는 마음이 생겨났고, 나는 다니던 미용실을 과감히 그만두고 갱스터 헤어에 들어가기로 결심했다.

갱스터 헤어를 처음 무작정 방문했던 날이 떠오른다. 나는 원장님께 이렇게 말했다. '처음 뵙겠습니다. 특수 머리를 배우고 싶은 마음에 무작정 찾아왔습니다. 혹시 디자이너 채용을 하시나요?'

그러나 원장님의 답변은 단호했다. '죄송합니다. 지금 인원이 다 차서 채용하지 않습니다.' 그 말에 실망했지만, 나는 포기할 수 없었다. 며칠 후 다시 방문해 고개를 숙이며 말했다. '부탁드립니다. 저는 정말 특수 머리를 배우고 싶습니다.' 그러나 이번에도 거절당했다. 그럼에도 불구하고 내 행동은 멈추지 않았다. 세 번째 방문했을 때도 거절당했고, 네 번째 방문했을 때는 원장님이 짜증 섞인 목소리로 말했다.

'바쁜데 왜 자꾸 찾아오십니까?
저희는 인원이 꽉 찼다고 말씀드렸잖아요! 귀찮게 하지 말고 이제 오지 마세요!'

그 말을 듣고 집으로 돌아오면서 많은 생각이 들었다. 내가 느끼는 이 간절함은 진짜일까, 아니면 끈기로 포장한 단순한 오기일까? 하지만 하나만은 분명했다. 포기하고 싶지 않았다. 오히려 원장님 마음에 들어 어떻게든 그곳에서 일해야겠다는 마음이 더욱 강해졌다. 그 순간 고민했다. 내가 디자이너라고 소개해서 채용이 안 되는 걸까? 내가 가진 다른 강점을 내세워야 하나? 그리고 깨달았다. 나는 디자이너이기도 하지만 커트를 가르칠 수 있는 강사라는 강점이 있었다. 특수 머리 전문가들 또한 일반 살롱 기술에 대한 갈망이 있을 수 있다고 생각했다. 그래서 그 부분을 내세워 마지막 희망을 품고 다시 원장님을 찾아갔다. 원장님은 만나지 않겠다고 했지만, 나는 오늘 만나지 않으면 두 번 다시 이곳에 올 수 없을 것 같다는 생각에 무작정 기다렸다. 결국 원장님이 나오셨고, 대화의 기회를 얻었다. 나는 마지막이라는 각오로 말했다. 원장님, 저는 단순히 디자이너가 아닙니다. 커트를 가르칠 수 있는 강사이기도 합니다. 여기 계신 분들은 특수 머리 전문가이시기에 저처럼 다른 기술에 대한 갈망이 있을 거라고 생각합니다. 제가 그 부분을 도와드릴 수 있습니다. 원장님이 저를 채용해 주신다면, 여기 계신 분들께 커트 기술을 알려드리겠습니다. 그 말에 원장님의 태도가 달라졌다. 원장님은 자신의 아들이 특수 머리 기술로 유명하지만 커트를 전혀 하지 못한다는 점이 고민이었다고 말했다.

그제야 원장님은 제안했다. '3개월 동안 내 아들에게 커트를 완벽히 가르쳐 주세요. 그러면 당신에게 특수 머리를 가르쳐 주겠습니다.' 나는 흔쾌히 수락하며 말했다.

'가능합니다. 대신 저도 3개월 안에 특수 머리를 마스터할 수 있게 도와주십시오.' 그렇게 3개월 동안 서로의 기술을 완벽히 익히겠다는 약속으로 시작해, 나는 갱스터 헤어에서 일하며 특수 머리를 배우기 시작했다.

'간절함은 문 앞에 서게 하고, 행동은 그 문을 열게 한다.'

3개월 동안 나는 최선을 다해 원장님 아들에게 커트를 가르쳤고, 동시에 특수 머리를 배웠다. 그 시간은 단순히 기술을 배우고 가르치는 것을 넘어, 사람과 사람의 연결을 만드는 시간이기도 했다. 나에게 특수 머리를 가르쳐 준 원장님 아들은 나와 동갑이었고, 성향이 비슷해 우리는 금방 친해졌다. 그 인연은 단순한 스승과 제자의 관계를 넘어 현재까지 이어지는 동료이자 인생의 파트너가 되었다. 지금 우리는 궁서채라는 회사와 카핑 아카데미를 함께 운영하며 서로에게 큰 힘이 되고 있다.

돌이켜보면, 그 시절 내가 느꼈던 간절함은 나를 행동하게 만들었다.
처음에는 실패로 시작했지만, 포기하지 않았기에 결국 원하는 것을 이룰 수 있었다.

'간절함은 타고나는 것이 아니라 행동으로 만들어지는 것이다.'

지금은 특수 머리를 자주 사용하지 않지만, 그때의 간절함과 노력 덕분에 얻은 인연과 경험은 나에게 더 큰 가치를 안겨주었다. 지금 당신의 마음속에 간절함이 있다면, 그것을 행동으로 옮겨라. 누군가 문을 닫아도, 다시 두드려라. 거절은 실패가 아니다. 그것은 다시 시작할 기회다. 모든 변화는 작은 행동에서 시작된다. 내가 거절 당했을 때, 다시 도전했을 때, 그리고 마지막에 나의 가치를 새롭게 제안했을 때, 나의 간절함은 내가 원하는 방향으로 나를 이끌었다.

'결국, 변화의 시작은 당신의 용기 있는 한 걸음이다.'

지금 당신이 간절히 원하고 있는 것이 있다면, 지금 바로 행동하라.

변화는 당신의 속도를 기다려주지 않는다.

작은 포기를 통해 필요할 때 방향을 조정하고,

큰 포기는 절대 하지 않겠다는 다짐이 당신을 원하는 곳으로 이끌어줄 것이다.

NEVER GIVE UP

작은 포기, 큰 포기

우리의 삶과 커리어는 늘 오르막과 내리막이 반복된다. 어느 길이 맞는지 헷갈리고, 때로는 포기하고 싶은 순간들이 찾아온다. 하지만 성공하는 사람들은 작은 포기와 큰 포기를 구분할 줄 안다. 작은 포기는 내가 선택한 길이 예상과 다르거나 나에게 맞지 않을 때 빠르게 방향을 수정하는 것이다. 실패나 어려움을 겪으면서 더 나은 방법을 찾기 위한 과정이라고 할 수 있다.

하지만, 큰 포기는 절대 해서는 안 되는 포기이다. 큰 포기란 나의 최종 목표나 인생의 꿈을 포기하는 것이다. 그것은 내가 어떤 상황에서도 반드시 지켜야 할 삶의 핵심 가치와 같은 것이다. 내가 인턴 시절에 했던 비밀 연습이 있다. 그땐 가발을 살 돈도 없어, 누군가 망쳤다고 버린 가발들을 모아 집으로 가지고 와, 커트 없이 다양한 드라이 도구를 사용해 여러 가지 형태를 만들어보는 걸 반복했다.

'세상에 망친 머리는 없다.'는 생각으로, 누군가 망쳤다고 생각한 길이와 형태 속에서도 새로운 아름다움을 발견하려고 노력했다. 하나의 가발로 10가지, 100가지 디자인을 만들기 위해 끈질기게 연습하며 디자인의 무한한 가능성을 탐구했다. 그 과정에서 중요한 것은 '이 형태가 예쁜가?' 가 아니었다. 내가 얼마나 다양한 형태를 상상하고 표현할 수 있는지, 얼마나 끈기 있게 도전할 수 있는지, 그것이 가장 중요한 부분이었다.

내가 이 연습을 반복했던 이유는, 내가 언젠가는, 스스로 커트가 망쳤다고 생각하는 사람들에게 '망친 게 아닙니다. 선생님의 생각과 다르게 잘린 것뿐입니다. 보세요, 생각과 다르게 잘리더라도 이렇게 예쁜 디자인을 만들어 낼 수 있습니다. 지금 선생님의 행동은 틀리지 않았습니다. 생각과 다르게 잘렸기에 한 번도 생각하지 못한 이렇게 멋진 디자인이 탄생한 것입니다. 선생님은 오늘 틀린 게 아닌 한 번 더 성장 하신겁니다.'라고, 당당히 말할 수 있는 날을 꿈꿨기 때문이다.

이 비밀 연습을 통해 나도 모르게 변화를 경험했다. 이 과정은 단순한 기술 연습이 아니라, 끝까지 포기하지 않고 문제를 해결해나가는 나의 마음가짐을 다듬어가는 과정이었다. 사실 나도 처음에는 무능함을 느끼고 좌절했었다. 내가 진정 원하는 목표를 이루기 위해 끊임없이 고민하고, 시행착오 속에서 실망도 하고 피곤함에 짜증도 내면서, 매일 같은 문제를 반복해 왔다.

하지만 이때 중요한 것은 포기하지 않고 작은 실패와 좌절을 발판 삼아 다시 일어나는 힘이었다. 좌절 속에서도 끝까지 문제의 해결책을 찾기 위해 집중하고 집착하면서, 그렇게 나는 조금씩 성장할 수 있었다. 그 과정은 쉽지 않았다. 매일 내가 잘하고 있는지 의심스러웠고, 매번 마음속에서 포기하고 싶어질 때가 있었다.

하지만 중요한 것은 '포기하지 않겠다.'는 단 하나의 결심이었다. 스스로 약해질 때마다 조금만 더 버티고, 조금만 더 집중하고, 작은 실패에도 흔들리지 않는 태도를 가지려 노력했다. 어느 순간 나 자신이 달라진 것을 느꼈고, 마침내 자신감과 성취감을 얻을 수 있었다. 지금 당신이 어떤 어려움을 겪고 있다면, 그것은 변화하고 성장할 수 있는 가능성이 있다는 신호이다. 큰 포기는 하지 말되, 방향을 조정할 수 있는 작은 포기를 통해 더 나은 길을 찾아보자. 사람은 누구나 처음에는 무능함을 느끼게 된다. 그 순간이 중요하다. 바로 그때가 더 끈기 있게 집중하고, 간절히 목표를 향해 나아가야 할 때이다. 결국, 작은 포기를 통해 필요할 때 방향을 조정하고, 큰 포기는 절대 하지 않겠다는 다짐이 당신을 원하는 곳으로 이끌어줄 것이다. 쉽지 않은 길이지만, 이 과정에서 얻는 경험과 교훈은 분명히 당신을 성장시키고 원하는 목표에 도달하게 할 것이다.

지금 당신이 느끼는 좌절, 불안, 슬픔은 단지 큰 목표를 이루기 위한 길에서 잠시 겪는 감정일 뿐이다. 그러니 포기하지 말고, 끝까지 본인을 믿고 걸어가 보자.

무능한 내가 변화되었던 과정

원하는게 생김 (목표) ─ 목표 달성을 위해 해야할 행동 고민 ─ 고민 ─ 고민 ─ 고민 ─ 고민 ─ 고민 ─ 고민 ─ 고민 ─ 걱정 ─ 걱정 ─ 걱정 ─ 걱정 ─ 걱정 ─ 걱정 ─ 걱정 ─ 걱정 ─ 걱정 ─ 용기 ─ 결심 (행동으로 옮김) ─ 피곤 ─ 짜증 ─ 답답 ─ 지침 ─ 우울 ─ 슬픔 ─ 실망 ─ 스트레스 ─ 피곤 ─ 씁쓸 ─ 분노 ─ 후회 ─ 후회 ─ 힘듦 ─ 힘듦 ─힘듦 ─ 나 자신의 무능함 경험 ─ 더 피곤 ─ 더 짜증 ─ 더 답답 ─ 더 지침 ─ 더 우울 ─ 더 슬픔 ─ 더 실망 ─ 더 스트레스 ─ 더 피곤 ─ 더 씁쓸 ─ 더 분노 ─ 더 후회 ─ 더 힘듦 ─ 더 힘듦─ 한번 사는 인생 이렇게 끝내기 싫음 ─ 용기 ─ 결심 ─ 문제점 파악 ─ 집중 ─ 집착 ─ 집중 ─ 집착 ─ 집중 ─ 집착 ─ 집중 ─ 집착 ─ 집중 ─ 문제 발견 ─ 문제 해결을 위해 해야할 행동 고민 ─ 고민 ─ 고민 ─ 고민 ─ 고민 ─ 고민 ─ 고민 ─ 고민 ─ 걱정 ─ 걱정 ─ 걱정 ─ 걱정 ─ 걱정 ─ 걱정─ 용기 ─ 결심 ─ 문제 해결 집중 ─ 집착 ─ 걱정 ─ 실행 ─ 문제 해결 집중 ─ 집착 ─ 걱정 ─ 실행 ─ 문제 해결 집중 ─ 집착 ─ 걱정 ─ 실행 ─ 문제 해결 집중 ─ 집착 ─ 걱정 ─ 실행 ─ 가능성 발견 ─ 가능성 집중 ─ 집착 ─ 걱정 ─ 용기 ─ 실행 ─ 가능성 집중 ─ 집착 ─ 걱정 ─ 용기 ─ 실행 ─ 가능성 집중 ─ 집착 ─ 걱정 ─ 용기 ─ 실행 ─ 가능성 집중 ─ 집착 ─ 걱정 ─ 용기 ─ 실행 ─ 문제 해결 ─ 변화된 자신의 모습 발견 ─ 자신감 상승 ─ 성공

AMAZING

지금 당신의 상황이 왼쪽 페이지에 있는 단어들 안에 있다면 그건 당신이 충분히 변화하고 성공할 수 있는 가능성이 있다는 것이다.

사람은 누구나 새로운 일에 대해선 두려움을 갖기 마련이고 처음부터 잘하는 사람은 많지 않다. 그 말은 결국, 누구나 새로운 일을 시작하는 순간 자신의 무능함을 느끼게 된다.

그 순간 그 무능함을 해결하기 위해서 당신이

조금만 더 집중하고.
조금만 더 집착하고.
조금만 더 간절했다면,
결과는 달라졌을 거라고 생각한다.

단, 왼쪽 페이지에 유일하게 없는 단어, 포기' 라는 단어를 스스로 과정에 넣지 않는 한, 분명히 그렇게 될 거라 나는 믿는다.

'불처럼 강렬하게 타오르는 게 멋있다.'는 말도 있지만,

그보다는 '천천히 그리고 오래도록 타오르는 게 더 아름답다.'

는 것을 잊지 말아야 한다.

체력이 곧 열정이다,

많은 사람들이 창의적이거나 열정적인 삶을 살려면 밤낮없이 에너지를 불태워야 한다고 생각한다. 그러나 진정한 열정은 오래 지속할 수 있는 힘에서 나온다. 무언가에 몰두하는 것도 좋지만, 그 열정을 지탱해 줄 체력이 없다면 결국엔 지쳐버리고 만다.

예를 들어, 유명한 예술가들은 그들의 일상을 규칙적으로 관리한다. 매일 아침 규칙적인 시간에 일어나고, 하루 한 끼라도 건강하게 챙겨 먹는다. 운동으로 체력을 길러 몸을 단단하게 유지하고, 저녁에는 충분히 휴식을 취하며 다음 날을 준비한다. 이러한 생활 패턴은 단순히 건강을 지키기 위해서만이 아니다. 오랫동안 열정적인 삶을 지속하기 위해 자신을 관리하는 것이다. 창의력과 열정은 마치 장거리 마라톤과 같다. 처음부터 전력 질주를 하며 달려가는 것이 아니라, 꾸준히 이어갈 수 있는 속도로 체력을 관리하며 나아가야 한다.

때로는 사람들 사이에서 '불처럼 강렬하게 타오르는 게 멋있다.'는 말도 있지만, 그보다는 '천천히 그리고 오래도록 타오르는 게 더 아름답다.' 는 것을 잊지 말아야 한다. 체력이 곧 열정이다. 건강한 몸과 마음이 뒷받침될 때, 우리는 진정한 열정을 오래도록 간직할 수 있다. 열정을 지속하기 위해 나 자신을 돌보는 습관을 만들어 보자.

체력이야말로 당신의 열정을 지탱해 줄 가장 중요한 기반이 될 것이다.

슬럼프?

어찌 보면 나태해지고 게을러진 자기 모습에 대한

자기합리화 일지도

 슬럼프

누구나 인생에서 한 번쯤 슬럼프를 경험한다. 일이 잘 풀리지 않고, 아무리 노력해도 제자리걸음만 걷는 것처럼 느껴지는 순간. '난 지금 슬럼프야'라는 말을 스스로에게 던지며 멈춰버린다. 하지만 가만히 생각해 보면, 슬럼프란 어쩌면 나태해지고 게을러진 자신에 대한 자기 합리화일지도 모른다. 슬럼프는 마치 보이지 않는 벽처럼 느껴진다. 우리는 그 벽을 핑계 삼아 멈추고, 스스로를 위로하며 시간을 흘려보낸다. 슬럼프는 사실 진짜 문제가 아니다. 진짜 문제는 내가 게을러졌다는 사실을 인정하지 않는 것이다. 우리가 슬럼프라는 이름을 붙이며 스스로를 보호하려는 순간, 이미 나태함은 우리 삶에 자리 잡는다.

정말 슬럼프 때문인가, 아니면 내가 스스로 멈추고 있는 것인가?

슬럼프를 핑계로 아무것도 하지 않는다면, 변화는 결코 찾아오지 않는다. 슬럼프에서 벗어나려면, 먼저 슬럼프라는 단어 뒤에 숨은 나 자신과 마주해야 한다. 게으름을 인정하고, 나태함을 직시하는 용기가 필요하다. 우리가 슬럼프라 부르는 상태는 사실 움직이지 않음의 결과일 뿐이다. 움직이지 않으면 당연히 정체될 수밖에 없다. 그러니 슬럼프를 해결하는 유일한 방법은 다시 움직이는 것이다. 슬럼프는 외부에서 찾아오는 것이 아니다. 그것은 우리 내부에서 만들어진다. 우리가 게으름과 나태함을 스스로 합리화할 때 만들어지는 허상이다.

슬럼프에 머무를 것인가, 아니면 다시 시작할 것인가? 슬럼프란 결국 당신의 선택일 뿐이다. 슬럼프는 벽이 아니라, 당신이 만든 그림자에 불과하다.

슬럼프라는 그림자 뒤에 숨지 말고, 작은 한 걸음이라도 내디뎌보자.
그 한 걸음이 슬럼프라는 이름을 지우고, 당신을 앞으로 나아가게 할 것이다.

변화를 두려워하지 말자.

불편함을 감수하며 앞으로 나아갈 때,

진정한 성장이 시작된다.

매번 바뀌었다,

내가 처음 카핑컷 교육을 시작했을 때 교육생이 많지 않아 단 한 명의 교육생으로 교육을 진행했다. 교육이 끝나면 그 사람과 함께 이야기하며, 교육에서 개선해야 할 점이나 부족한 부분이 있는지 솔직하게 물어보곤 했다. 시간이 지날수록 그들과 인간 대 인간으로서의 유대감이 생겼고, 그 덕에 많은 분들이 진심으로 피드백을 해주었다. 나는 그들의 의견을 적극적으로 반영했고, 그렇게 교육 방식이 조금씩 바뀌기 시작했다.

어느 날, 교육생이 두 명으로 늘어났다. 한 명의 교육생을 만족시킬 수 있는 방법은 익숙했지만, 같은 방식으로 두 명을 만족시키는 건 쉽지 않았다. 그래서 다시 피드백을 받고, 두 명에 맞는 새로운 교육 방법을 만들었다. 그렇게 교육을 진행하다 보니, 어느새 세 명의 교육생이 생겼고, 두 명을 기준으로 진행한 교육 방식으로는 부족하다는 걸 느끼게 되었다. 또다시 피드백을 받고, 세 명에 맞는 새로운 공식을 만들었다. 교육생 수가 하나씩 늘어날 때마다 기존의 방식을 버리고, 새롭게 접근하는 과정이 필요했다. 그렇게 교육생이 네 명, 다섯 명으로 늘어날 때마다 카핑컷 교육 방식은 새롭게 바뀌었고, 지금까지 무려 17번이나 교육 방식을 개편하게 되었다.

변화할 때마다 두려움과 불안이 찾아왔다. 이 변화가 정말 옳은 것인지, 새로운 방식이 교육생들에게 맞을지 확신이 없었기 때문이었다. 그러나 내가 확신이 없다고 불안한 모습을 보인다면, 나를 믿고 교육을 받는 이 사람들은 얼마나 더 불안하겠는가, 그들과의 신뢰를 지키기 위해 불안한 감정을 철저히 숨기고 최선을 다했다.

그렇게 불안과 두려움을 넘어 변화에 적응하며 성장해 왔고, 이제는 카핑컷 교육에 대해 자신 있게 설명할 수 있게 되었다. 영화감독 스티븐 소더버그는 은퇴를 앞두고 이렇게 말했다. '모든 걸 부수어 버리고 완전히 처음부터 새로 지어야 해요. 내가 모든 걸 다 알게 되어서가 아니라, 내가 모르는 게 무엇인지 알게 되었기 때문이죠.'

그의 말처럼, 때로는 모든 것을 내려놓고 새롭게 시작할 용기가 필요하다. 익숙한 방식에 안주하지 않고, 내가 모르는 부분을 채우기 위해 새로운 접근을 선택하는 것이다. 변화는 언제나 불편하고, 때로는 두렵다. 하지만 그 불편함이 결국 나를 성장시키는 원동력이라는 것을 깨달았다.

17번의 변화를 거치며 얻은 경험 덕분에 지금은 자신감 있게 교육을 진행할 수 있다. 이제 교육생이 몇 명이든 간에, 그들이 만족할 수 있도록 언제든지 변화를 선택할 준비가 되어 있다.

변화를 두려워하지 말자.
불편함을 감수하며 앞으로 나아갈 때, 진정한 성장이 시작된다.

새로운 도전에 용기 있게 맞서자.
매번 새로운 시작이 우리를 더 높이 이끌어 줄 것이다.

완벽을 기다리며 인생을 낭비하는 프로가 되지 말자,

아마추어리즘
완벽을 기다리며 인생을 낭비하는 프로가 되지 말자.

우리는 대부분 프로가 되기 위해 노력하고, 완벽함을 추구한다. 그러나 그 완벽함이 오히려 우리의 행동을 가로막고 있다는 사실을 깨닫지 못한다. 스스로 완벽하다고 느끼지 못하면 사람들 앞에 나서는 것이 두려워지고, 결국 행동을 미루거나 아예 시작조차 하지 못하게 되는 경우가 많다.

완벽주의자들은 겉으로는 철저해 보이지만, 사실상 가장 게으른 사람들일지 모른다. 완벽하지 않으면 움직이지 않겠다는 핑계로 그 게으름을 합리화하고 있기 때문이다. 하지만 세상에 완벽함이란 존재하지 않으며, 누구도 완벽함을 정의할 수 없다. 이럴 때 우리에게 필요한 건 바로 '아마추어리즘' 이다.

아마추어의 정신은 두려움이 없고, 한없이 도전적이며, 자신의 과정과 실패조차 뻔뻔하게 사람들에게 드러낼 수 있는 용기를 준다. 왜냐하면 아마추어는 프로가 아니기 때문에 완벽을 추구하지 않는다. 그들은 자신이 완벽하지 않다는 것을 잘 알고 있으며, 평가에 얽매이지 않는다.

누군가의 평가가 좋지 않으면 다시 시도하면 되고, 긍정적인 평가를 받으면 그 순간을 즐기면 되는 것이다. 아마추어는 실패를 두려워하지 않고, 실험과 도전 속에서 배우며 성장한다.

아마추어리즘은 끝없는 배움과 나눔을 가능하게 한다. 전문적인 지식이나 높은 자격 없이도, 자신이 좋아하는 것을 공유하며 새로운 아이디어와 가능성을 발견할 수 있다.

아마추어는 실수를 두려워하지 않고, 사람들 앞에서 부족한 모습을 보여줄 용기를 가진다. 이런 과정 속에서 새로운 발견과 창의적 사고가 태어난다.

우리가 완벽을 두려워할 때, 아마추어는 실패를 두려워하지 않으며 오히려 그 과정에서 얻는 즐거움을 만끽한다. 완벽을 추구하기보다는 아마추어리즘의 정신을 가지고 살아가 보자.

그럼 우리는 지금보다 훨씬 많은 경험과 배움을 얻을 수 있을 것이며, 주저 없이 도전하는 자신을 발견하게 될 것이다. 아마추어리즘은 우리에게 자유를 주고, 행동의 시작을 가능하게 한다.

완벽을 기다리며 인생을 낭비하지 말고, 지금 바로 도전하자.
프로가 되기 전, 아마추어의 정신으로 더 많은 것을 시도하고, 더 많은 가능성을 발견해 나가는 인생을 살아보자.

세상이 당신을 어떻게 보든, 중요하지 않다.
중요한 건 당신이 스스로를 어떻게 바라보고 있는지다.

청춘 (青春) 상태

사람들은 종종 청춘을 나이로 정의한다. 젊음, 넘치는 에너지, 새로운 도전들, 하지만 청춘이란 단지 육체적인 젊음에 그치지 않는다. 청춘은 마음의 상태다. 그리고 때로는 20세의 젊은이보다도 60세의 사람에게 더 뜨거운 청춘이 있다. 나이를 먹는다는 것은 단순히 시간이 흘러가는 것을 의미하지 않는다. 나이를 더해가는 것만으로 사람은 늙지 않는다. 오히려 사람이 진정으로 늙는 순간은 이상을 잃어버릴 때다. 꿈을 잃고, 도전을 두려워하며, 스스로 가능성을 포기하는 순간, 우리는 마음부터 늙기 시작한다.

세월은 우리 피부에 주름을 남긴다. 그러나 열정을 잃는다면 마음이 시들고, 그로 인해 삶의 빛이 사라진다. 아무리 젊은 육체를 가졌더라도 마음이 움츠러들고 희망이 사라진다면 이미 늙은 것과 다름없다. 청춘이란 끝없이 도전하고, 배우며, 성장하려는 자세다. 실패를 두려워하지 않고, 새로운 길을 모색하며, 아직 오지 않은 내일에 설레는 마음을 가지는 것이다. 우리 삶에서 가장 중요한 질문은 이것이다.

'지금 꿈꾸고 있는가?'

꿈꾸는 사람은 살아 있다. 꿈을 향해 나아가는 사람은 나이를 떠나, 그 마음 속 열정이 그 사람을 진정으로 빛나게 한다. 꿈을 잃지 않는 것이야말로 청춘을 유지하는 비결이다.

세상이 당신을 어떻게 보든, 중요하지 않다. 중요한 건 당신이 스스로를 어떻게 바라보고 있는지다. 당신이 이상을 품고 있다면, 나이는 아무런 장애가 되지 않는다. 청춘은 나이가 아니라 당신의 열정과 믿음에서 시작된다.

당신은 지금 어떤 마음으로 하루를 살고 있는가?
새로운 도전을 두려워하고 있지는 않은가?

주변의 시선에 얽매여 자신을 제한하고,
삶이 주는 수많은 기회를 놓치고 있는 것은 아닌가?

청춘은 완벽한 삶이 아니다. 불확실함 속에서 실패를 겪고, 그 과정을 통해 배우고 성장하는 것. 그리고 결국 자신만의 빛을 만들어가는 것.

그것이 바로 청춘이다.

당신이 지금 몇 살이든, 마음속 열정을 잃지 않는다면 당신은 여전히 청춘이다. 청춘은 나이가 아니라, 당신이 선택하는 삶의 방식이다.

지금, 이 순간 마음속에서 다시 시작해 보라.

'청춘'은 이미 당신 안에 있다.

불가능이란 아무것도 아니다,

당신이 불가능을 넘어서기로 결심하는 순간,

'불가능은 나의 가능성을 증명할 기회일 뿐이다.'

증명할 기회

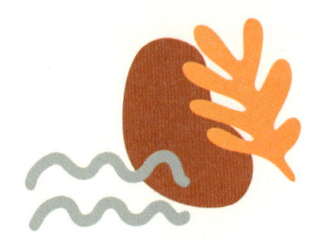

'그건 불가능해.' 무언가 새로운 시도를 하려고 할 때마다, 사람들이 먼저 내 앞에 던진 건 실패의 가능성이었다. 그 말은 마치 세상에 정답이라도 되는 것처럼 들렸다. 하지만, 내가 그것을 계속 따라갔다면 오늘의 나는 존재하지 않았을 것이다. 불가능하다는 말을 듣는 순간, 우리는 두 가지 선택을 할 수 있다. 그 말에 고개를 끄덕이며 물러서거나, 아니면 그 말을 넘어서겠다고 결심하며 앞으로 나아가는 것이다. 결국, 불가능은 나약한 사람들이 자신의 행동을 정당화하기 위해 만들어낸 핑계일 뿐이다. 그 말이 당신의 한계를 정의하도록 놔두지 마라.

'불가능은 사실이 아니라 의견이다.' 불가능이란 단어는 '영원히 안 된다.'를 의미하지 않는다. 그저 지금의 환경이나 시점에서 안 된다는 하나의 의견일 뿐이다. 나는 전에 이런 경험을 했다. 처음 '카핑컷' 강의를 만들고 교육을 시작하려 할 때, 많은 사람들이 내게 이렇게 말했다.

'교육 회차가 너무 짧아서 안 돼.'
'교육 시간이 너무 길어서 안 돼.'
'강사로서 인지도가 없어서 안 돼.'

그들의 말이 틀렸다고는 생각하지 않았다. 왜냐하면, 그들의 말은 '현재'라는 제한된 시점에서 나온 것이었으니까. 하지만 나는 '지금의 불가능' 이 '미래의 가능성'으로 바뀔 수 있다는 사실을 믿었다. 결국, '불가능하다.'는 말은 그저 지금 그들의 시야에서 그렇게 보인다는 의견일 뿐이다.

내게 있어 불가능은 '새로운 기회'를 뜻했다. '안 될 거야'라는 말은 나에게는 도전의 신호로 들렸다. 내가 그 도전을 받아들였을 때, 그 과정에서 나는 스스로를 새롭게 정의할 수 있었다. 그리고 그 결과, 카핑컷 강의는 지금도 많은 미용사들이 선택하는 교육이 되었다. 불가능이라는 단어는 멈추는 이유가 아니라, 시작하는 이유가 되어야 한다. 그 단어가 우리에게 용기를 줄 수 있다면, 그것은 더 이상 불가능이 아니다.

'불가능이란 아무것도 아니다.'

우리는 모두 한계를 가지고 있다. 하지만 그 한계는 우리가 만들어낸 상상 속의 선에 불과하다. 한계를 뛰어넘는 순간, 당신은 새로운 세상을 발견할 것이다. 불가능은 그저 우리 마음속의 그림자일 뿐이다. 그림자는 빛이 있을 때만 존재한다. 그러니 당신의 마음속에 빛을 비추어라.

결국, 불가능이란 아무것도 아니다.
당신이 불가능을 넘어서기로 결심하는 순간,
'불가능은 나의 가능성을 증명할 기회일 뿐이다.'

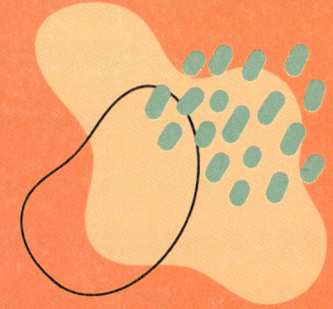

꽃마다 피어나는 시기가 다르듯,
사람도 사람마다 피어나는 시기가 다르다.

피어나는 시기

모든 꽃은 저마다의 피어나는 시기를 가지고 있다. 벚꽃은 따뜻한 봄바람이 불어올 때 피어나고, 해바라기는 뜨거운 한여름 태양 아래서 가장 빛난다. 국화는 서늘한 가을바람 속에서야 그 진가를 드러내고, 동백꽃은 차가운 겨울바람을 맞으며 고요히 피어난다. 꽃들은 자신의 계절을 기다리며 가장 아름답게 피어날 순간을 준비할 뿐이다.

사람도 그렇다. 누군가는 젊은 나이에 성공을 꽃피우고, 누군가는 오랜시간 후에야 자신만의 빛을 발한다. 때로는 주변의 빠른 성취를 보며 마음이 조급해질 때도 있다. 그러나 조급함은 우리가 뿌리를 단단히 내리기 전에 꽃을 피우게 만들어 결국 금세 시들게 한다.

삶은 경쟁이 아니라, 자신만의 꽃을 피워가는 과정이다.

당신이 지금 겪고 있는 기다림의 시간은 결코 헛된 시간이 아니다.
꽃이 피기 전, 땅속 깊은 곳에서 뿌리가 단단히 자리 잡아야 하듯이,
우리의 삶도 눈에 보이지 않는 준비의 시간이 반드시 필요하다.

중요한 건 지금의 시간에 최선을 다하며 자신을 가꾸는 일이다. 기다림은 멈춤이 아니라, 내면을 채우는 시간이다. 그 기다림 속에서 우리는 인내를 배우고, 자신을 돌아보며, 더 단단해진다. 눈에 보이지 않아도, 느껴지지 않아도, 기다림 속에서 우리는 더 많은 것을 배우고 성장하고 있다. 그러니 조급해하지 말고, 현재의 자신이 할 수 있는 일에 집중하라. 그리고 당신의 계절을 천천히 준비하라.

모든 것은 순리대로 진행된다. 당신도 마찬가지다. 지금 준비하고 있는 것들이 쌓이고 쌓여 당신의 계절이 오면 가장 찬란한 모습으로 피어날 것이다. 당신의 속도로, 당신만의 길을 걸어가는 것이다.

세상에서 가장 아름다운 꽃은 바로 당신의 시기에 피어난 당신의 모습이다.

내가 처음으로 스스로를 의심했던 때

내가 선택할 수 있었던 건 단 하나,
스스로를 믿는 것뿐이었다.

사람의 의지가 기적을 만든다.

기적이란 단어는 우리에게 신비롭고 특별한 느낌을 준다. 하지만 기적은 결코 우연이 아니다. 기적은 의지에서 태어난다. 흔들리지 않는 신념, 아무리 힘든 상황에서도 한 발짝 내딛는 용기, 그리고 끝까지 포기하지 않는 끈기가 모일 때 우리는 흔히 기적이라 부르는 순간을 맞이한다.

나는 종종 내 삶의 순간들을 돌이켜 보곤 한다. 그중 가장 기억에 남는 건 내가 처음으로 스스로를 의심했던 때다. 모든 것이 힘들고 지쳐 있었던 그 시기, '내가 과연 해낼 수 있을까?'라는 질문이 끊임없이 머릿속을 맴돌았다.

그런 상황에서 내가 선택할 수 있었던 건 단 하나, 스스로를 믿는 것뿐이었다. 사람의 의지는 불완전한 시작을 완성으로 이끈다. 아무리 작은 출발이라도 그것을 지키고 키워가는 사람은 결국 그 작은 시작을 위대한 결과로 변화시킨다.

나도 처음에는 실패가 두려웠다. 다만 실패는 그 자체로 끝이 아니라 새로운 기회를 만들어내는 과정이라는 것을 알았기 때문이다. 오히려 실패는 내 의지를 시험하는 순간들이었고, 그 순간들을 넘어설 때마다 나는 조금씩 성장했다. 기적을 만드는 데 필요한 건 특별한 재능이나 환경이 아니다.

그것은 우리가 매일 내리는 작은 선택들, 그리고 그 선택을 지키는 끈기다. 많은 사람들이 성공한 사람들을 보며 그들의 출발점이나 환경을 부러워한다.

하지만 진실은 간단하다.
성공의 핵심은 출발선이 아니라 결승선까지 가겠다는 의지이다.

'오늘을 버텨내면, 내일은 반드시 다를 것이다.'

의지라는 건 무언가를 해낼 때마다 조금씩 자란다. 처음엔 불안하고, 두려움도 크다. 하지만 작은 성공 하나를 이루고 나면, 그 성공이 새로운 기회를 만들어 준다. 작은 의지가 모여 결국 기적을 만든다. 나는 평범한 사람이다. 특별한 재능도, 특별한 환경도 없었다. 하지만 하나는 알고 있었다. 내가 가만히 있으면 아무것도 변하지 않는다는 것, 내 삶은 결국 내가 만들어 가는 것이며, 그것은 누구에게나 적용된다.

기적은 하늘에서 떨어지지 않는다.
그것은 당신의 손끝에서, 당신의 발걸음에서 시작된다.

어느 날, 기적 같은 순간이 찾아왔다.

이 간절한 마음은 언젠가 세상의 시간과
맞닿아 기적 같은 순간을 불러올 수 있다.

기적은 기도가 아닌 행동으로 만드는 것이다.

내가 일본에 간 것은 단순히 무언가를 배우기 위해서가 아니었고, 특별한 이유가 있었던 것도 아니었다. 그저 일본에 가겠다고 주변 사람들에게 말해 왔기에 결국 가게 된 것이다. 일본에서 시간을 보내며 경험을 쌓던 어느 날, 한국으로 돌아갈 날이 다가오면서 마음속 깊은 고민이 자리 잡기 시작했다.

한국에 돌아가면 나는 과연 어떤 모습으로 살아가야 할까? 익명의 디자이너로서 일상을 반복해야 하는 걸까, 아니면 다시 무명 강사로서 또 다른 길을 찾아야 하는 걸까? 당시 한국에서는 나를 아는 사람도 없었고, 유명세도 없었기에 막막했다. 그렇지만 예전으로 돌아가고 싶지는 않았다. 그래서 깊은 고민 끝에, 내가 존경하고 동경하는 미용인들에게 진심을 표현해 보기로 결심했고, 단순히 나의 팬심을 전하고자 했다. 그때는 지금처럼 DM을 보낼 수 있는 시대가 아니었고, 싸이월드가 유행하던 시절이라 동경하는 분들의 방명록에 존경과 진심을 담아 글을 남기기 시작했다. 그들이 내 메시지를 보지 않더라도, 응답하지 않더라도 전혀 문제가 되지 않았다. 답을 기대하기보다는, 그저 나의 존경과 애정을 표현하는 것 자체에 의미를 두었기 때문이다. 순수한 마음 하나로, 진심을 담아 계속해서 이 과정을 반복했다. 예상대로 답변은 오지 않았다. 그렇지만 나는 포기하지 않았다. 또 다른 누군가에게, 존경하는 우상들에게 계속해서 존경심과 애정을 행동으로 표현했다.

그러던 어느 날, **기적 같은 순간이 찾아왔다.**

몇몇 사람들로부터 답장이 오기 시작했고, 그분들도 나를 만나고 싶다는 뜻을 전해 주었다. 결국 한국으로 돌아온 후, 그분들과 직접 만날 기회를 얻었다. 그 만남에서 나는 있는 그대로의 나를 보여주었고, 진심 어린 대화를 나눌 수 있었다. 그 인연은 더 많은 사람들과의 연결로 이어졌고, 더 넓은 세상과 만날 기회를 주었다. 강남에서 세미나를 열기도 하고, 소개로 인해 여러 살롱에서 교육도 진행하면서 다시 강사로서의 길을 걷게 되었다. 지금까지도 그분들과의 관계는 서로를 응원하며 이어져 오고 있다. 이 경험을 통해 나는 깨달았다.

인정받기 위한 가장 좋은 방법은, 인정 자체를 필요로 하지 않는 것이다.

진심으로 누군가를 사랑하고 그 사람의 팬이라면, 답장이 오지 않더라도 괜찮다. 중요한 것은 마음을 적극적으로 표현하는 것, 그리고 대가 없이 그 애정을 보여주는 것이었다. 상대방이 내 메시지를 안 보거나 응답하지 않더라도, 그 자체가 문제 되지 않는다. 중요한 건, 이런 행동을 통해 어떤 결과를 바라지 않는다는 점이다. 내가 이 사람을 좋아하고, 존경한다는 그 마음을 순수하게 표현하는 것이다. 이 표현은 아무런 대가 없이, 오직 좋아하는 감정과 존경심에서 비롯된 순수한 마음으로 이루어져야 한다. 그렇게 되면, 이 간절한 마음은 언젠가 세상의 시간과 맞닿아 기적 같은 순간을 불러올 수 있다. 이런 찰나의 순간이 당신의 운명을 바꿀지도 모른다. 그러니 좋아하고 존경하는 누군가가 있다면, 그 마음을 두려움 없이 적극적으로 표현해 보자. 이 마음이 언젠가 당신의 삶을 변화시키는 순간을 만들 수도 있음을 잊지 말고. 대가를 바라지 않고 사랑과 존경을 표현하는 행동이 기적을 부를 수 있음을 기억하길 바란다.

삶은 유한하다.
하지만 그 안에서 우리가 만들어낼 수 있는 가능성은 무한하다.
'오늘 할 일을 내일로 미루지 말자.' '내일은 내일의 일이 있다.'

죽음과 삶 그 경계 어딘가,

우리는 모두 언젠가 죽음을 맞이할 것이다. 하지만, 이 사실을 가슴에 새기고 살아가는 사람은 많지 않다. 죽음이라는 단어는 무겁고 불편하기에, 우리는 종종 그것을 외면하며 살아간다. 마치 영원히 살 것처럼, 내일이 당연히 올 것처럼, 그러나 죽음을 인정하고 마주할 때, 비로소 우리는 진정한 삶의 의미를 이해할 수 있다. 나에게는 어린 시절부터 죽음이라는 주제를 깊이 생각하게 만드는 경험들이 있었다. 어렸을 적, 친했던 친구들이 있었다. 어느 날 친구들과 PC방에 함께 있던 중, 갑자기 한 친구가 '옷을 갈아입고 와야겠다.'고 말했다. 나는 왜 굳이 지금 가냐며 나중에 가도 되지 않냐고 말렸지만, 그 친구는 고집을 부렸고 결국 옷을 갈아입으러 나갔다. 그런데 그날, 친구는 돌아오는 길에 덤프트럭에 치여 생을 마감하게 되었다. 또 다른 친구는 군대를 제대한 지 얼마 되지 않아 스스로 삶을 마감했다. 가까운 이들의 갑작스러운 죽음을 겪으면서, 나는 죽음이 남의 이야기가 아니라 언제든 내게 닥칠 수 있는 현실임을 깨닫게 되었다. 죽음이란 내가 피할 수 없는, 언제나 가까이에 있는 존재라는 사실이 선명해졌다. 이러한 경험들 속에서 나는 스스로에게 질문하게 되었다.

'언제 끝날지 모르는 이 인생을 어떻게 살아야 할까?' 죽음을 피할 수 없다는 사실을 받아들이면서, 나의 선택은 두 가지였다. 그저 죽음을 기다리며 하루하루를 의미 없이 살아갈 것인가? 아니면 당장 죽을진 모르지만 살아있는 동안이라도 나만의 목표와 꿈을 향해 최선을 다하며 살아갈 것인가? 물론 목표를 향해 노력하는 삶이 훨씬 어려운 길일 수 있다. 하지만 그렇게 산다면, 어떤 상황에서 죽음을 맞이하더라도 후회는 없을 것 같았다.

혹시 그 과정에서 목표를 이루지 못하더라도, 과정 속에서 무언가를 맞출 수 있을 것이라는 믿음. 무엇이 될지는 모르지만, 그 작은 성과 하나만으로도 내 인생을 '잘 살았다.'고 자부할 수 있을 것 같았다. 그리고 내 아이들에게도 최선을 다해 살아가는 아버지의 모습으로 남는다면, 그것만으로도 충분하다고 생각했다. 그래서 나는 매일 아침 죽음을 떠올리며 하루를 시작한다. '오늘 할 일을 내일로 미루지 말자.' '내일은 내일의 일이 있다.'라는 다짐을 되새기며, 오늘 할 수 있는 일에 최선을 다한다. 내일이 오지 않을 수도 있기 때문에 더욱 그러려고 노력한다. 모든 것이 유한하기에, 지금, 이 순간이 더욱 값지고 소중하다. 우리가 남길 수 있는 것은 결국 우리의 흔적과 기억뿐이다. 예전에 나는 이런 글을 남긴 적이 있다.

'내가 나이가 들어 죽음의 순간을 맞이했을 때,
실패한 것보다 해보지 않은 일들에 대한 후회가 남지 않기를.'

어차피 결말이 정해져 있다면, 우리는 남은 시간을 어떻게 채울 것인가에 집중해야 한다. 삶은 유한하다. 하지만 그 안에서 우리가 만들어 낼 수 있는 가능성은 무한하다. 죽음을 가슴속에 품고 살아간다는 것은 결코 쉽지 않지만, 이 생각은 하루하루를 더 소중하고 진지하게 만들어준다. 죽음과 삶, 그 경계 어딘가에서 우리는 진정으로 살아가는 이유를 찾을 수 있을 것이다.

한계 (限界) 는

멈추라는 신호가 아니라,

뛰어넘으라고 존재하는 것이다.

나의 한계(限界)

어느 날, 한 아이와 벼룩 한 마리가 함께 살고 있었다. 그 벼룩은 아이를 즐겁게 해주기 위해 매일같이 높이 뛰어올라 재롱을 부렸다. 아이가 웃을 때마다 벼룩은 더 큰 기쁨을 느꼈고, 아이를 더 행복하게 해주기 위해 끊임없이 노력했다. 결국 벼룩은 자기 몸길이의 100배나 되는 30cm까지 뛰어오를 수 있게 되었다. 하지만 시간이 흘러 아이가 자라면서 벼룩의 점프가 이제는 신경 쓰이기 시작했다. 그래서 아이는 벼룩을 작은 유리병 안에 가두었다. 벼룩은 여전히 아이를 즐겁게 해주고 싶어 유리병 속에서 계속 뛰었지만, 몇 번이고 병의 벽에 부딪히는 경험을 하면서 점점 더 낮게 뛰기 시작했다. 결국 벼룩은 더 이상 병의 높이를 넘으려 하지 않았다. 몇 달 후, 아이는 벼룩이 안쓰러운 마음에 유리병 밖으로 꺼내 놓았다. 하지만 벼룩은 더 이상 예전처럼 높이 뛸 수 없었다. 벼룩은 유리병의 높이만큼만 뛰는 것이 자신의 한계라고 믿게 되었기 때문이다.

이 이야기는 우리 삶의 한 단면을 보여준다.

살다 보면 '너의 한계는 여기까지야'라고 말하는 사람들과 상황을 자주 마주하게 된다. 그러다 보면 우리는 자신도 모르게 그 말에 동의하며, 자신의 한계를 정해버리곤 한다. 그렇게 우리는 점차 타인의 생각과 틀 속에 갇히게 되고, 자신에 대한 확신과 자신감을 잃어버리며,

타인의 기준에 맞춰 행동하기 시작한다.

하지만 진실은 다르다. 사람은 누구나 무한한 잠재 능력을 가지고 있다. 그 잠재 능력은 타인에 의해 결정되는 것이 아니다. 오히려 우리가 무엇을 목표로 삼고, 그것을 이루기 위해 어디에 초점을 맞추며 어떻게 노력하는지에 따라 그 크기가 결정된다.

교육을 하다 보면 안타까운 상황들을 자주 마주하게 된다. 기술 교육을 하며 다양한 선생님들과 각기 다른 경력을 가진 사람들을 만나다 보면, 그중에는 경력과 상관없이 분명 더 잘할 수 있고, 잠재 능력을 가진 사람들도 많다. 하지만 그들은 주변 환경과 사람들에 의해 만들어진 틀에 갇혀 자신감을 잃고, 자신의 능력을 발휘하는 것을 두려워한다.

이러한 틀 속에 갇힌 사람들은 자신의 잠재력을 온전히 펼치지 못한 채 멈춰 서 있는 경우가 많다. 그런 사람들의 습관에는 공통점이 있다. 바로 자신의 행동에 대한 확신과 믿음이 부족하다는 것이다.

그래서 그들은 무언가를 하고 나서 늘 이렇게 묻는다.
'저 지금 이렇게 하는 게 맞나요?' 누군가의 확인을 받아야만 다음 행동으로 나아갈 수 있는 습관이 자리 잡은 것이다.

어찌 보면, 디자이너들에게 가장 중요한 능력인
스스로 판단하고 행동하는 능력이 사라진 것이다.

그런데 중요한 것은, 이들이 이런 상태에 빠진 이유가 자신의 잘못이 아니라는 점이다. 이는 그들이 살아온 환경과 주변 사람들에 의해 만들어진 틀이 원인이다. 그 틀 안에서 계속 지적을 받고, 무엇이 옳은지 그른지 외부로부터만 판단을 받으며 살아온 결과, 자신의 능력을 신뢰하지 못하게 된 것이다. 이렇게 틀에 갇힌 채 살다 보면, 어느 순간 '나' 라는 존재가 사라지고 있다는 느낌을 받게 된다. 하지만 우리는 잊지 말아야 한다. 디자인은 자유롭게 상상하고 표현하며 자신만의 색을 찾아가는 과정이다. 이는 디자인뿐만 아니라 우리의 삶도 마찬가지다. 그러므로 우리는 스스로의 한계를 정하지 말아야 한다. 유리병 안에 갇힌 벼룩처럼 자신을 가두지 말자. 우리 안에 잠재된 능력은 우리가 상상하는 것보다 훨씬 크고 놀랍다. 그것을 깨닫기 위해서는 한계를 뛰어넘으려는 용기와 자유로운 표현의 힘이 필요하다. 때로는 주변의 소음과 환경을 차단해야 할 필요가 있다. 누군가가 당신에 대해 지적하거나 한계를 규정하려 할 때, 한 번쯤은 그 사람을 돌아보며 스스로에게 질문해 보라.

'지금 나에게 이 말을 하는 이 사람의 삶이 내가 꿈꾸는 삶인가?'

아니라고 느껴진다면, 그 사람이 말하는 대로 따라가서는 안 된다. 그 길은 결국 그 사람의 삶을 따라가는 길일뿐이다. 오히려 그 사람이 이야기하는 반대 방향으로 나아가야만 그 사람을 뛰어넘을 가능성이 커진다. 이 사실을 깨달아야 한다. 타인의 기준이 아닌 당신 자신의 기준으로 세상을 표현할 때, 비로소 당신의 진정한 가능성이 꽃피우게 된다. 결국 한계는 멈추라는 신호가 아니라, 뛰어넘으라고 존재하는 것이다.

내 타겟이 있는 곳에서 나를 알리는 것이야말로 성공의
핵심이라는 의미이다.

내가 만든 무언가가 있다면, 그것을 좋아할 사람들,
즉 나를 성장시킬 타겟들이 모여 있는 곳으로 직접 가야 한다.

그곳에서 뻔뻔하게 나를 소개하고,
내가 만든 것의 가치를 자신 있게 전달해야 한다.

나는 나다, 타겟 속에서 '나를 외치다,'

우리는 살아가면서 스스로를 소개해야 하는 순간을 마주한다. 하지만 그저 직업이나 타이틀로 나를 정의하려는 시도는 나의 진짜 모습을 온전히 보여주는 데 한계가 있다. 진정한 나를 보여주기 위해서는, 겉모습을 넘어 내가 어떤 사람인지, 무엇을 위해 살아가는지, 나의 가치와 삶의 이야기를 드러내야 한다.

'나는 나다.' 라는 선언은 바로 여기서 시작된다.
내가 강의 중에 늘 강조하는 말이 있다.

'고객은 기다리는 것이 아니라, 내가 데리고 오는 것이다.'

내 타겟이 있는 곳에서 나를 알리는 것이야말로 성공의 핵심이라는 의미이다. 내가 만든 무언가가 있다면, 그것을 좋아할 사람들, 즉 나를 성장시킬 타겟들이 모여 있는 곳으로 직접 가야 한다. 그곳에서 뻔뻔하게 나를 소개하고, 내가 만든 것의 가치를 자신 있게 전달해야 한다. 그 과정에서 사람들이 나의 열정과 진정성을 느낄 때, 비로소 나를 찾아오게 되는 것이다.

내가 무명 강사로 생활할 때의 이야기이다. 교육생은 많지 않았고, 생계를 위해 미용실 일을 병행하면서도 끊임없이 어떻게 하면 교육생을 늘릴 수 있을지 고민했다.

그 과정에서 '내 타겟은 누구인가?' 라는 질문에 답을 찾았다.

나의 타겟은 미용사들이었고, 그들에게 다가가기 위해 그들이 모이는 곳을 찾기 시작했다. 당시 나는 유명한 강사도 아니었기 때문에 사람들이 나를 찾아오기를 기다릴 수 없었다.

그래서 내가 그들에게 직접 다가가기로 결심했다. 미용사들이 모이는 모임이나 커뮤니티에 자주 참석하면서, 나는 사람들에게 나를 소개했다. 내가 누구인지, 나의 교육이 어떤 도움이 될 수 있는지 진심을 담아 전달했다. 그러자 조금씩 사람들이 나라는 사람에게 관심을 가지기 시작했고, 내 교육에도 자연스럽게 관심을 두게 되었다. 나라는 사람에 대한 호감이 곧 내가 하는 일에 대한 신뢰로 이어졌고, 교육생들이 조금씩 늘어나는 긍정적인 변화를 경험할 수 있었다.

이 경험을 통해 배운 것은, 나의 가치를 사람들에게 제대로 알리기 위해서는 내가 스스로를 솔직하고 자신감 있게 드러내야 한다는 것이다. 사람들은 진솔한 이야기와 진정성에 매료되며, 화려한 이력보다 소박한 열정에서 큰 감동을 받는다. 내가 누구인지, 어떤 가치를 추구하며 살아가는지에 대한 솔직한 이야기는 때로는 화려한 스펙보다 더 큰 힘을 발휘한다.

자기 자신을 있는 그대로 드러낸다는 것은 결코 쉬운 일이 아니다. 우리는 완벽하지 않으며, 때로는 실수도 하고, 두려움도 느낀다.

그러나 이러한 불완전함을 솔직하게 인정하고, 그대로 드러낼 때 사람들은 오히려 그 진정성에 공감하고 신뢰하게 된다. '나는 나다.' 라는 선언은 내가 가진 부족함과 강점을 그대로 받아들이는 것에서 시작된다. 나를 포장하거나 숨기지 않고, 나의 가치를 뻔뻔하게 세상에 알릴 때, 비로소 나를 찾는 사람들이 생겨나는 것이다.

타겟이 있는 곳에서 나를 당당히 소개하는 일은 나의 진정한 가치를 보여주는 첫걸음이다. 사람들이 모인 곳에 나를 드러내고, 내 이야기를 전하며 그들과 소통할 때, 우리는 깊이 있는 관계와 진정한 유대를 형성할 수 있다. 내 이야기를 있는 그대로 전할 때, 그들은 내가 누구인지 진정으로 이해하게 되고, 나의 가치를 느끼고 나를 기억하게 된다.

당신도 당신의 타겟이 있는 곳에서, '나는 나다.' 라는 마음으로 자신을 소개해 보자. 직업이나 타이틀이 아닌, 나의 진정한 모습을 보여줄 때, 사람들은 당신에게 관심을 가지고 당신이 하는 일에 가치를 느낄 것이다.

솔직하고 담백하게, 내가 누구인지, 내가 만든 것이 어떤 의미를 지니는지를 전달하자. 그러면 사람들이 나의 이야기를 통해 영감을 받고, 나의 가치를 진정으로 알아보게 될 것이다.

진정한 자기소개는 나를 당당하게 드러내고, 나의 매력을 있는 그대로 보여주는 것이다. 내가 나에게, 그리고 타겟에게 진솔하게 다가갈 때, 그들은 나를 기억하고 나의 가치를 인정하게 될 것이다.

히든 메시지는 언제나 우리 곁에 있고,

답은 늘 당신 안에 있다.

히든 메시지

삶은 끊임없이 우리에게 신호를 보낸다. 그 신호는 때로는 너무 명확해 보이지만, 때로는 지나치게 미묘해서 우리가 무심히 놓쳐버리기 일쑤다. 그러나 우리의 인생에서 가장 중요한 순간들은 언제나 그 히든 메시지 속에 숨어 있다. 그것을 발견하고 읽어낼 줄 아는 사람만이 방황 속에서 길을 찾고, 그 길 끝에서 자신의 꿈을 만날 수 있다.

한때 나 역시 매일 반복되는 똑같은 일상을 살며 무의미한 시간을 보내고 있었다. 이유를 알 수 없을 정도로 바쁘기만 한 현실 속에서 목표는 손에 닿지 않을 만큼 멀게 느껴졌고, 아무리 노력해도 나아지는 것 같지 않아 끝없는 무력감에 빠져 있었다. 그러던 어느 날, 우연히 휴대폰 속 숨은그림찾기 게임을 발견하게 되었다. 익숙한 게임이었지만, 그날만큼은 다르게 다가왔다. 게임 속에서 숨겨진 그림을 찾아내려 애쓰는 나 자신이 마치 내 삶의 모습 같았다.

문득 이런 생각이 스쳤다. '혹시 내 인생에도 숨겨진 그림들이 있는 것은 아닐까? 삶이 나에게 어떤 힌트를 보내고 있는데, 내가 그것을 놓치고 있는 것은 아닐까?' 이 질문은 나를 멈춰 세웠다. 그리고 나는 처음으로 스스로에게 물었다. '내 인생의 히든 메시지를 찾으려 노력해 본 적이 있었는가?'

'그 순간 나는 결심했다. 매일 반복되는 똑같은 일상 속에서도 히든 메시지를 찾는 노력을 시작해 보자고, 하루라는 시간 동안 가끔은 생각과 행동을 멈추고, 내 감정에 귀 기울이며 주변을 관찰해 보자고 마음먹었다. 그리고 그 결심은 내 삶의 시선을 완전히 바꿔놓았다.

삶의 히든 메시지는 우리가 무심코 지나치는 순간들 속에 숨어 있다. 누군가의 평범한 말 한마디, 예상치 못한 만남, 실패와 좌절 속에도 메시지는 항상 존재한다. 그것들은 결코 우연이 아니다. 삶은 우리가 성장하고 배우며 더 나은 방향으로 나아가기를 바라며 끊임없이 메시지를 보낸다. 중요한 것은 그 메시지들이 눈앞에 나타났을 때 우리가 그것을 알아볼 준비가 되어 있느냐다.

그때 나는 깨달았다. 내가 멈춰 있는 것처럼 느껴졌던 순간조차도 삶은 나를 준비시키고 있었다는 사실을 삶은 나를 위한 메시지를 계속 보내오고 있었고, 내가 그것을 읽어낼 준비가 되기를 기다리고 있었던 것이다.

그 메시지를 읽기 시작했을 때, 내 삶은 조금씩 변하기 시작했다. 처음에는 아주 작은 변화들이었다. 하지만 그 작은 변화들이 하나씩 모여 결국 나를 점점 더 나은 방향으로 끌고 갔다. 힘들고 지쳤을 때는 '지금 포기하지 말라.'는 메시지가 들렸고, 내가 내 꿈을 의심할 때는 '끝까지 가보라.'는 용기가 다가왔다.

중요한 것은 우리가 그 메시지를 발견하려는 의지를 갖는 것이다. 삶은 늘 우리 곁에 메시지를 보낸다. 그러나 우리가 그것을 놓치는 이유는 너무 바쁘게 살아가거나, 우리의 시야가 좁아져 있기 때문이다. 그래서 가끔은 멈추고 스스로에게 물어야 한다. 지금 내게 삶이 보내는 메시지는 무엇일까? 내가 놓치고 있는 것은 무엇일까? 히든 메시지를 읽는 법은 어렵지 않다. 첫째, 멈추고 관찰하라. 주변에서 당신에게 보내는 작은 신호들을 놓치지 말아야 한다. 둘째, 감정에 귀 기울여라. 기쁨, 불안, 두려움 같은 감정 속에는 당신이 알아야 할 중요한 힌트가 담겨 있다. 셋째, 질문하라. 지금, 이 상황이 나에게 무엇을 가르치려는지, 내가 무엇을 배워야 하는지 스스로에게 물어보라. 넷째, 실패와 고난을 다시 보라. 가장 고통스러운 순간 속에도 가장 강렬한 메시지가 숨겨져 있다. 마지막으로, 기록하라. 하루 동안 느낀 감정과 떠올린 생각들을 글로 적다 보면 놓쳤던 메시지를 발견할 수 있다.

삶의 히든 메시지를 발견하는 순간, 우리는 단순히 문제를 해결하는 것을 넘어 삶의 더 큰 그림을 이해하게 된다. 때로는 가장 고통스럽고 어려운 순간조차도 시간이 지나면 우리를 위한 가장 중요한 메시지였음을 깨닫게 된다. 모든 경험은 무의미하지 않다. 그것들은 우리가 앞으로 나아가게 하는 발판이다.

삶은 언제나 우리를 돕기 위해 메시지를 보낸다. 그 메시지를 발견하는 사람만이 자신만의 길을 찾고, 그 길 위에서 꿈을 실현할 수 있다.

오늘 당신이 마주한 모든 순간은 결코 우연이 아니다.
그것은 오직 당신만 위한 특별한 메시지다.

기억하자. 삶의 히든 메시지는 언제나 우리 곁에 있고,
답은 늘 당신 안에 있다.

이중인격
(二重人格)

자기계발서나 성공 세미나에서 빠지지 않는 단어가 있다. 바로 생각과 실천이다. 우리는 모두 성공을 위해 이 두 가지가 필요하다는 것을 알고 있다. 그러나 생각은 쉽지만, 실천은 그리 간단하지 않다. 머릿속으로는 무엇을 해야 할지 분명히 알고 있어도, 행동으로 옮기는 데서 많은 이들이 좌절하고 만다. 그렇다면 실천을 잘하는 사람들은 처음부터 타고난 능력을 가지고 있는 걸까? 아마 우리는 그렇게 믿는 편이 더 편할지도 모른다. '저 사람은 원래 실천력이 뛰어난 사람이야.'라고 치부하면, 내가 실천하지 못하는 이유에 대해 스스로를 위로하고 합리화할 수 있기 때문이다. 그러나 그것은 착각일 뿐이다. 태어날 때부터 실천에 익숙한 사람은 없다. 실천은 습관으로 만들어지는 것이지, 타고나는 것이 아니다.

그렇다면 우리 같은 평범한 사람들이 실천력을 익힐 수 있는 방법은 무엇일까?

답은 간단하다. 새로운 나를 만드는 연습, 이른바 이중인격을 활용하는 것이다. 먼저, 내가 가장 많은 시간을 보내는 공간에서 새로운 캐릭터로 살아가는 연습을 시작해 보자. 그 공간이 사무실이든, 학교든, 미용실이든 상관없다. 중요한 것은 그 공간에 들어가는 순간, 과거의 나를 내려놓고 전혀 다른 캐릭터로 살아간다고 마음먹는 것이다.

이 방식은 어찌 보면 서비스에 맞지 않았던 성격의 내가, 미용실에서 고객과의 소통과 서비스 부분에 어려움을 느꼈을 때 처음으로 시도했던 방법이었다. 나는 원래 혼자 있는 걸 좋아했고, 사람들과의 대화를 즐기지 않았다. 미용 기술을 익히는 건 좋아했지만, 고객을 상대하는 일 앞에서는 한없이 작아졌다. 어쩌면 나는 미용이라는 직업과 맞지 않는 사람이었을지도 모른다.

그래도 잘하고 싶었다.
서비스를 잘하는 사람이 되고 싶었다.

그 마음이 매일같이 들던 순간, 나는 스스로에게 다짐했다.

"어차피 나를 처음 보는 사람들은 내가 과거에 어떤 사람이었는지 모른다. 지금 내가 그들 앞에서 보여주는 모습이 곧 내가 된다. 과거의 모습에 얽매이지 말자. 원래의 나라고 착각하는 나를 벗어나자. 변화는 익숙한 나를 내려놓는 순간 시작된다.'

서비스의 시작은, 서비스에 맞는 또 다른 나를 만드는 것이다.

그렇게 나는 과거의 나를 내려놓고 새로운 하루를 시작했다.
이중인격의 힘을 빌려, 매일 새로운 나로 살아가기로 결심했다.

그 결심을 실천하기 위해 나는 두 가지 간단한 계획을 세웠다. 첫 번째는 출근 후 2시간 동안 직원들을 칭찬하는 연습이었다. 처음에는 어색했다. 마치 진심이 담기지 않은 가식적인 말처럼 느껴졌다. 그러나 칭찬할 포인트를 찾기 위해 직원들을 더 자세히 관찰하기 시작했고, 그들의 작은 변화나 노력을 알아차리며 점점 진심 어린 칭찬이 가능해졌다. 시간이 지나자 칭찬은 자연스러워졌고, 직원들과의 관계도 훨씬 좋아졌다.

두 번째는 고객과의 소통 방식에 변화를 주는 것이었다. 눈이 마주친 고객 한 명을 하루 동안 책임지는 것. 그 고객이 미용실을 떠날 때까지 최선을 다해 관심을 기울이는 것이었다. 처음에는 어려웠다. 하지만 고객을 책임지는 과정을 통해 나는 서비스의 본질을 배울 수 있었다. 그것은 나의 기준이 아니라 고객의 입장에서 생각하는 법이었다.

이 두 가지 작은 실천은 처음에는 단순한 시도로 보였다. 하지만 매일 반복하면서 실천하는 법을 자연스럽게 익혔고, 그 과정을 통해 점점 자신감도 생기고 내 안에 작은 변화가 일어나고 있음을 느꼈다.

실천은 특별한 행동이 아니다.
그것은 작은 결심을 꾸준히 이어가는 과정이다.

'어느 날 한 교육생이 나에게 물었다. '강사님, MBTI가 I인가요, E인가요?' 그때 나는 대답했다. '선생님이 좋아하는 성향이 I인가요, E인가요? 오늘은 선생님이 원하는 사람이 되어보겠습니다.'

이것이 바로 이중인격의 힘이다. 실천력은 단지 행동을 옮기는 능력뿐 아니라, 나 자신을 끊임없이 새롭게 만들어가는 힘이었다. 이 새로운 시도는 당신이 누구인지, 어떤 삶을 살아왔는지에 상관없이 시작할 수 있다. 당신의 삶에서 가장 많은 시간을 보내는 공간이 어디든, 그곳은 새로운 캐릭터로 살아갈 무대가 될 것이다. 당신이 지금껏 살아왔던 패턴에서 벗어나, 완전히 다른 역할을 맡아보는 것이다. 그것은 이전의 당신을 부정하는 것이 아니라, 지금보다 더 나은 당신을 발견하기 위한 과정이다.

어차피 지금의 모습으로 현재까지 살아봤다. 똑같은 모습으로 앞으로 더 살아간다고 한들 무엇이 바뀌겠는가? 만약 진정으로 변화를 원한다면, 지금의 나를 잠시 내려놓고 완전히 새로운 캐릭터로서 나를 만들어야 한다. 내가 가장 많은 시간을 보내는 공간에서 새로운 하루를 시작하는 것이다.

처음에는 어색할 것이다. 하지만 그 어색함은 시간이 지나면서 자연스러움으로 바뀐다. 실천은 특별한 재능이 아니다. 그것은 훈련되고 만들어지는 것이다. 사람의 본질은 쉽게 변하지 않는다. 그러나 경험을 통해 더 나은 모습들이 그 본질 위에 겹겹이 쌓인다. 그렇게 내 본질은 감춰지고, 더 나은 사람으로 완성되어 가는 것이다.

'나는 오늘부터 새로운 나로 살아간다.'
그리고 그 다짐이 새로운 삶의 시작이 된다.

항상 성공하고 싶다고,
변화하고 싶다고,

말하면서 왜 당신은 아직까지

항상 같은 공간에서,
항상 같은 사람들과,
항상 같은 방식으로 살고 계시나요?

변화의 시작은 불편함이다.

전에 내가 썼던 글 중에 이런 문장이 있다.

'항상 성공하고 싶다고, 변화하고 싶다고 말하면서 왜 당신은 아직까지 항상 같은 공간에서, 항상 같은 사람들과, 항상 같은 방식으로 살고 계시나요?'

진정한 변화를 원한다면 익숙한 안락함을 벗어나 불편함을 선택할 용기가 필요하다. 작은 변화라도 시도하며 스스로 익숙함에서 벗어나 보자. 변화는 불편함 속에서 시작된다. 그 불편함이야말로 성장의 신호이며, 새로운 시작을 알리는 중요한 메시지다. 일본의 경영학자 오마에 겐이치는 인간을 변화시킬 수 있는 세 가지 조건을 제시했다.

첫째는 새로운 사람들과의 만남이다. 낯선 사람들과 교류하며 그들의 시각과 생각을 들을 때 우리는 자신이 몰랐던 세상을 마주하게 된다. 이런 만남은 새로운 자극과 영감을 주고, 우리의 사고를 확장시켜 준다. '우리는 만나는 사람의 깊이만큼 성장한다.'는 말처럼, 새로운 사람과의 교류는 우리의 시야를 넓혀 주는 가장 강력한 방법이다.

둘째는 새로운 환경에서의 경험이다. 익숙한 곳에서 벗어나 완전히 다른 공간에 몸을 맡길 때, 우리는 자연스레 적응하고 변화하게 된다. 매일 같은 길을 걷고 같은 일상에 갇혀 있으면 시야가 좁아지기 마련이다. 하지만 새로운 도시, 새로운 문화 속에서의 생활은 우리에게 신선한 자극을 준다. 갑자기 찾아오는 불편함이 일상의 루틴을 깨고, 새로운 가능성을 모색하게 만드는 것이다.

셋째는 시간을 새롭게 사용하는 방식이다. 매일 같은 시간에 일어나고, 같은 일로 하루를 보내는 루틴에서 벗어나, 일부러라도 새로운 취미나 활동을 시도해 보는 것이다. 이를테면 아침을 달리기나 명상으로 시작하거나, 저녁 시간을 독서와 기록으로 채우는 작은 변화가 큰 변화를 끌어낼 수 있다. 기존에 무심코 흘려보냈던 시간을 다시 정의함으로써 스스로에게 새로운 목표를 설정하게 되고, 그 과정에서 변화의 가능성을 키울 수 있다.

'불편함은 성장의 또 다른 이름이다.'

우리는 익숙한 환경에서 안전함을 느낀다. 그러나 그 안락함은 때로 우리의 성장을 가로막고, 무기력하게 만들기도 한다. 안락함 속에 머물다 보면 도전의 기회를 놓치고, 성장은 멈추기 쉽다. 반대로, 지금 느끼는 스트레스나 불편함은 내가 성장해야 할 때가 왔음을 알려주는 신호다. 불편함은 단순히 견뎌내는 것이 아니라, 그것을 반복하며 익숙함으로 전환시켜 자신의 일부로 만드는 과정이다. 이 과정을 통해 우리는 더 큰 자신감과 능력을 얻게 된다.

그렇기에 우리는 불편함을 두려워할 필요가 없다. 오히려 그것을 받아들이고, 작은 변화에서 시작해야 한다. 새로운 사람들을 만나고, 새로운 환경을 경험하며, 시간을 새롭게 사용하는 작은 시도들이 진정한 변화의 첫걸음을 만든다.

그렇게 익숙하지 않던 것들이 점차 익숙해지고, 그 익숙함이 나의 일부가 되는 순간, 불편함은 성장의 가능성으로 바뀐다. 그리고 그 가능성이 현실로 이어질 때, 변화는 시작된다.

결국, 변화는 그 불편함 속에 있다.

'사방에서 돌을 던져도 맞고 가는 수밖에 없다.
돌을 맞고 주저앉는 순간, 거기가 끝이다.'

제 직업은 '악플러' 입니다.

'제 직업은 악플러입니다.' 이 말을 들으면 조금 충격적일지 모른다. 하지만 세상에는 정말 직업처럼 남을 비난하고 깎아내리는 사람들이 존재한다. 그들은 자신의 시간과 에너지를 오직 남을 비판하고 공격하는 데 사용하며, 상대방의 기운을 빼앗아 간다. 이들은 남을 무너뜨리기 위해 온갖 방법을 동원한다.

거짓을 진실처럼 꾸며내고, 자신을 피해자처럼 보이게 하여 사람들의 동정을 유도한다. 그리고 이러한 악플러들의 말에 쉽게 현혹되고 동조하는 이들도 존재한다. 마치 악플러를 꿈꾸듯이 그들의 말에 휩쓸려 함께 비난을 던지는 사람들이다. 이러한 사람들은 사실관계를 확인하지도 않은 채, 단순히 감정에 휩쓸려 누군가를 공격한다.

결국, 거짓은 점점 더 큰 힘을 얻고, 피해자는 더욱 깊은 상처를 입는다.

여기서 알아야 할 중요한 사실은,
악플러들은 결코 우리의 성장을 응원하지 않는다는 점이다. 그들은 우리가 더 나은 사람이 되려는 모습을 불편하게 여긴다. 우리의 자신감이나 성취가 그들에게는 거슬리는 요소일 뿐이다.

그들의 궁극적인 목표는 단 하나 '상대방의 마음을 무너뜨리는 것'이다.

그렇다면, 이들의 함정에 빠지지 않으려면 어떻게 해야 할까?
가장 현명한 대응은 그들의 비판과 악플조차도 단순히 반응의 한 형태로 받아들이는 것이다.

악플은 그저 시끄러운 반응일 뿐이다. 악플러들의 말은 우리 삶을 향상시키지 않는다. 그들의 비난은 건설적인 피드백이 아닌, 그저 우리에게 상처를 주기 위한 말들이다. 그들의 말에 집중하는 순간, 우리는 소중한 시간을 그들에게 빼앗기게 된다. 중요한 것은, 악플러의 소음 속에서도 우리의 길을 잃지 않고 방향을 유지하는 것이다.

반응하지 않는 것이 가장 큰 답글. 악플러에게 가장 신경 쓰이는 일은 바로 '무반응'이다. 그들은 우리가 화를 내고, 반응하고, 괴로워하는 모습을 보고 싶어 한다. 그러나 우리가 반응하지 않으면, 그들은 반응하는 새로운 타겟을 찾아 떠돌아다닌다. 이것이 바로 우리가 흔들리지 않고 계속 나아갈 수 있는 힘이다.

내면의 '자기비판 악플러'를 무시하자. 우리가 싸워야 할 악플러는 외부에만 있는 것이 아닙니다. 우리 마음속에도 가끔씩 '자기비판 악플러'가 나타난다. 외부 악플러들의 함정에 빠지게 되면, 내 안의 '자기비판 악플러'가 고개를 들고 우리 자신을 더 힘들게 만든다.

이런 목소리를 인식하고 무시하는 것이 중요하다. 우리는 자신의 잠재력을 믿고, 자신을 신뢰해야 한다. 나를 믿어줄 유일한 사람은 나 자신이다. 결국, 악플러들은 우리에게 있어 하나의 시험일 뿐이다. 그들이 아무리 우리를 끌어내리려 해도 우리는 흔들림 없이 우리의 길을 걸어갈 수 있다. 악플러들의 목소리에 흔들리지 말고, 오직 자신의 가치와 목표에 집중하자. 당신의 에너지는 당신을 성장시키는 데 쓰여야 한다. 이 길을 묵묵히 걸어가다 보면, 결국 당신은 자신만의 성공과 행복을 찾게 될 것이다.

나 또한 이런 상황에 놓여 있을 때, 나를 응원해 준 누군가의 메시지가 큰 힘이 되었다.

그때 방송인 유재석 씨의 영상과 함께 이런 말을 전해주었다.
'그냥 버텨야 한다. 비바람이 몰아쳐도 갈 수밖에 없다.
사방에서 돌을 던져도 맞고 가는 수밖에 없다.
돌을 맞고 주저앉는 순간, 거기가 끝이다.'

이 말이 내게 큰 위로가 되었고, 앞으로 나아갈 용기를 주었다. 어떤 어려움이 오더라도 끝까지 버티며 나아가야 한다. 남들이 던지는 돌에도 불구하고 굳건히 서서 우리의 길을 걸어간다면, 어느 순간 우리는 자신만의 성공과 의미 있는 행복을 찾아낼 것이다.

그러니 당신도 흔들리지 말고, 묵묵히 당신의 길을 걸어가라.

나 자신을 위한 시간을 가지는 것은 잠깐의 여유가 아니라,
내 삶에 활기를 불어넣는 소중한 기회다.

그럴 때는 당당하게 말해 보라.
오늘 하루, **마감되었습니다.**

마감 되었습니다,

처음 카핑컷 교육을 시작했을 때, 나에겐 자신감보다 두려움이 더 컸다. 내가 만든 이 새로운 커트 방식이 사람들에게 진정한 도움이 될 수 있을지, 그리고 내가 이를 제대로 가르칠 수 있을지 스스로 확신할 수 없었다. 머릿속에서는 방법과 원칙을 정리했다고 생각했지만, 막상 사람들 앞에 서서 설명하고 가르친다는 것은 전혀 다른 차원의 일이었다. 교육을 시작하기 전, 나는 과연 이게 제대로 전달될 수 있을지 불안하고 두려웠다.

그래서 결심했다.
'일단 한 명만 모집해서 그 한 사람에게 집중하자.'

그렇게 내 첫 교육은 한 명으로 시작되었다. 한 명이 신청했을 때, 나는 그 한 사람에게 모든 열정을 쏟아 최선을 다해 가르쳤다. 그리고 그 한 명이 신청된 순간, 나는 '마감되었습니다.' 라고 알렸다. 사실, 정원이 찬 것도 아니었지만, 나 자신도 아직 완벽하지 않다는 걸 알고 있었기에 더 많은 사람을 받는 게 부담스러웠다.

그렇게 나의 두려움 때문에 '마감되었습니다.'라는 말을 붙였다. 그런데 신기하게도, 그 소식을 들은 사람들은 오히려 교육에 더 큰 관심을 보이기 시작했다.

다음 달이 되자 또 한 명이 신청했다. 이번에도 그 한 사람에게 최선을 다했고, 이번에도 그 한 사람에게 최선을 다했고, 신청이 접수되자마자 다시 '마감되었습니다.'라고 알렸다. 점차 '마감되었습니다.'라는 말이 반복되면서 사람들은 이 교육에 더 많은 관심을 가지기 시작했고, 문의도 늘어나기 시작했다.

'이번이 아니면 다시는 기회를 잡을 수 없을지도 모른다.'
이 생각이 사람들에게 작용한 것이다.

그러다 보니 나도 조금씩 자신감이 생겼다. 이제는 두 명, 세 명씩 받아도 될 만큼의 여유가 생겼고, 그 과정에서 나 또한 성장했다. 처음엔 작은 두려움으로 시작했지만, 한 걸음씩 나아가며 점점 더 많은 사람을 만날 수 있었다.

이 경험을 통해 나는 깨달았다. 새로운 일을 시작할 때 누구나 두려움을 느낀다. 아직 완벽하지 않다고 느낄 때, 내가 가진 방식이 과연 사람들에게 제대로 전달될 수 있을지 확신이 없을 때, 그 불안감은 누구나 경험한다.

하지만 중요한 것은 그 두려움과 불안을 마주하고, 내가 할 수 있는 작은 걸음부터 시작하는 것이다. 한 번에 모든 걸 이루려 하기보다는, 내 속도에 맞춰 감당할 수 있는 만큼의 목표를 설정하고 나아가는 것이다. 그렇게 한 발씩 나아갈 때, 우리는 점차 자신을 믿고 성장할 수 있게 된다.

또한 이 과정에서 깨달은 중요한 교훈이 있다. 쉽게 얻을 수 있는 것은 쉽게 잊혀지기 마련이지만, 한정된 기회는 사람들에게 강한 가치를 부여한다. 지금 당장 해야만 하는 기회가 주어질 때, 사람들은 그 기회를 더욱 소중하게 여기게 된다. 이것은 교육뿐만 아니라 우리가 하는 모든 일에 적용할 수 있는 원칙이다.

이 책을 읽는 당신의 일상에도 '마감되었습니다.'의 개념을 도입해 보길 바란다. 언제든지 할 수 있는 것이 아니라 지금 아니면 안 되는 기회를 만들고, 그 기회를 통해 더 깊은 공감과 더 큰 가치를 만들어낼 수 있기를 바란다.

그리고 가끔은 나를 지치게 하는 모든 것들을 잠시 '마감' 해 보길 권한다. 업무가 마감되고, 머릿속의 복잡한 생각이 마감되고, 하루의 피로가 잠시 멈추는 그런 시간이 필요하다. 나 자신을 위한 시간을 가지는 것은 잠깐의 여유가 아니라, 내 삶에 활기를 불어넣는 소중한 기회다.

그럴 때는 당당하게 말해 보라.

오늘 하루, 마감되었습니다.

꿈은 살아있다, 우리가 그것을 잊었다고 생각하는 순간에도,
꿈은 마음속에서 조용히 숨 쉬며 우리가 다시 불러주길 기다리고 있다.

잠들어있는 꿈

나에게는 누구에게도 말하지 못한, 가슴 한편에 숨겨둔 꿈들이 있다. 어린 시절에는 어리석은 상상처럼 보였던 꿈, 어른이 되어서는 현실과 타협하며 점점 잊혀진 것처럼 보였던 그런 꿈들. 그 꿈들은 흔히 현실이라는 무게에 눌려 깊이 잠들어버리곤 한다. 그러던 어느 날, 예상치 못한 계기로 내 안에 잠들어 있던 꿈이 깨어났다. 꿈이 깨어난 순간, 나는 그것을 붙잡고 싶었다. 하지만 곧 알게 되었다. 꿈은 결코 쉽게 이루어지지 않는다는 사실을. 그것은 어두운 터널 끝에 있는 불빛처럼 멀고도 아득하게 느껴졌다. 내가 한 발 한 발 내딛는 순간에도, 눈앞의 길은 여전히 보이지 않았다. 그런데도 계속 나아갔다. 분명 그 끝에 무언가 있을 거라는 믿음 하나만으로, 꿈을 향해 나아가는 여정은 예측할 수 없는 순간들로 가득했다. 아무리 노력해도 길이 보이지 않을 때가 있었고, 내가 가는 방향이 맞는지조차 확신할 수 없던 순간도 있었다. 하지만 놀라운 점은, 계속 걸음을 내딛자, 세상은 나를 돕는 인연과 기회를 보내기 시작했다는 것이다. 그것들은 처음부터 계획하거나 예측할 수 있는 것이 아니었다.

우연처럼 찾아왔고, 필연처럼 내 삶에 스며들었다.

한 번은 꿈을 이루기 위해 나아가던 중, 도저히 나 혼자서는 해결할 수 없을 것 같은 문제를 마주했던 순간이었다. 동네 커피숍에 앉아 그 문제를 고민하던 중, 누군가가 내 이름을 부르며 다가왔다. 알고 보니 군대 생활을 함께하며 친하게 지냈던 후임이었다. 제대 후 자연스럽게 연락이 끊겼고, 시간이 지나며 점점 기억 속에서 잊혀진 인연이었다. 그런데 우연히 내가 이사 온 동네에서 그 친구를 다시 만나게 된 것이다. 반가운 마음에 대화를 나누던 중, 그는 내 문제가 무엇인지 들었고, 놀랍게도 그 문제를 해결할 수 있도록 도와주었다. 그 후임 덕분에 나 혼자 해결할 수 없을 것 같던 문제는 자연스럽게 해결되었다.

그 순간 나는 깨달았다. 세상은 우리가 멈추지 않을 때, 꿈을 이루는 여정에 필요한 도움과 인연을 보내준다는 것을, 꿈은 단순히 우리가 원하는 것을 이루는 행위가 아니다. 그것은 우리를 성장시키는 여정이다. 우리는 꿈을 이루기 위해 부딪히고, 넘어지고, 다시 일어나며 더 강해진다. 그리고 그 과정 속에서 만나는 모든 사람과 순간들이 바로 꿈의 일부가 된다. 꿈은 결과물이 아니다. 오히려 꿈을 이루겠다는 다짐이 때로는 우리를 짓누르는 부담으로 작용하기도 한다. 그 무게 때문에 첫걸음을 내딛지 못할 때가 있다. 그래서 거창한 계획을 세우기보다는, 단지 그 꿈을 마음속에 간직한 채 한 걸음씩 나아가는 것이 중요하다. 완벽하지 않아도 괜찮다. 중요한 것은 움직이는 것이다.

가끔은 목표에 도달하지 못할 수도 있다. 그러나 그것조차 괜찮다. 우리가 살아가는 동안 꿈을 품고 나아가는 과정 자체가 이미 충분히 값진 여정이기 때문이다. 설령 과정 속에서 예상치 못한 일을 당해 죽음을 맞이한다 하더라도, 그 여정 안에서 반드시 하나의 의미 있는 무언가를 남기게 된다. 그리고 그 과정이 우리의 삶에 깊은 의미를 더한다. 돌아보았을 때, '적어도 나는 시도했다.' 는 마음 하나만으로도 우리는 후회 없는 삶을 살 수 있다. 꿈은 단순히 이루는 것이 전부가 아니다. 그것은 우리가 스스로에게 던지는 도전이며, 스스로를 성장시키기 위한 이유가 된다. '위대한 일은 그것을 시도하려는 용기에서 시작된다.' 는 말처럼, 실패는 꿈의 반대가 아니라 꿈을 향해 가는 과정에서 반드시 겪어야 할 하나의 단계일 뿐이다. 중요한 것은 계속 나아가는 것이다. 멈추지 않고 움직이는 그 순간, 우리의 삶은 꿈으로 빛나기 시작한다. 꿈은 살아있다. 우리가 그것을 잊었다고 생각하는 순간에도, 꿈은 마음속에서 조용히 숨 쉬며 우리가 다시 불러주길 기다리고 있다.

지금 당신이 마음 한편에 숨겨둔 꿈은 무엇인가?

그것이 깊이 잠들어 있다면 이제 깨워보라. 오늘 한 걸음만 내디뎌도 충분하다. 당신이 그 꿈을 믿고 움직인다면, 결국 세상은 당신의 꿈을 믿고 응답할 것이다. 그러니 두려워하지 말고, 오늘 한 걸음만 내디뎌 보자. 당신의 삶은 이미 충분히 가치 있다. 꿈은 끝까지 간직하고 나아갈 때, 비로소 우리의 현실이 된다.

관계적
관점

중요한 건 내가 얼마나 똑똑한지가 아니라, 내가 이 집단에서 어떤 아이디어를 나누고 다른 사람들과 어떻게 소통하며 새로운 것을 만들어가는가이다.

고독한 천재의 시대는 끝났다.

과거에는 뭔가 특별한 성과를 이루기 위해 혼자 모든 걸 해내는 '천재' 가 필요하다고 생각했다. 그러나 이제 그런 시대는 지났다. 지금 우리는 누구나 아이디어를 나누고, 서로의 생각을 결합해 더 나은 결과를 만들어낼 수 있는 환경에 살고 있다. '천재적인 집단' 은 혼자서 모든 걸 완벽하게 해내는 사람들만이 모인 곳이 아니다. 오히려 평범한 사람들도, 특별한 학벌이나 엄청난 재능이 없어도 참여할 수 있는 열린 공간이다.

중요한 건 내가 얼마나 똑똑한지가 아니라, 내가 이 집단에서 어떤 아이디어를 나누고 다른 사람들과 어떻게 소통하며 새로운 것을 만들어가는가이다. 오늘날 인터넷을 통해 누구나 '천재적인 집단'에 쉽게 접근할 수 있다. 인스타, 유튜브, 블로그 같은 플랫폼에서 사람들은 자유롭게 자신의 생각을 이야기하고, 다른 사람들의 아이디어와 교류할 수 있다. 여기서는 유명하거나 특별한 자격이 필요하지 않다. 누구나 참여할 수 있고, 서로의 아이디어를 공유하며 배우고 성장할 수 있다. 이제는 더 이상 '고독한 천재' 가 필요 없는 시대다. 중요한 것은 서로를 돕고 함께 발전해 나가려는 자세다.

이제 우리는 '다른 사람들이 나를 위해 무엇을 할 수 있을까?'라는 질문을 던질 때가 아니다. 대신 '내가 다른 사람들을 위해 무엇을 할 수 있을까?'를 고민해야 한다.

내가 가진 생각과 아이디어가 이 집단에 어떻게 기여할 수 있을지, 그리고 다른 사람들과 협력해 더 나은 무언가를 만들어 나가는 과정이 핵심이다. 고독한 천재의 시대는 끝났다. 이제는 함께하는 사람들이 더 나은 세상을 만들어가는 시대다.

'부르기 좋아서 형이 아니다.'

그 모든 무게를 감당할 준비가 되었을 때 비로소
형이라는 호칭이 진정한 의미를 갖는다.

호칭의 무게

'형, 선배, 그리고 동생.' 우리는 이 단어들을 아무렇지 않게 사용한다. 친근하게 부르고, 관계를 더 가까이 느끼기 위해 쉽게 말한다. 그러나 이 호칭들에는 가볍게 넘길 수 없는 무게가 있다. 단순히 부르기 좋아서 생겨나는 것이 아니라, 그 뒤에 따라오는 책임감과 무게를 감당할 수 있을 때 만들어지는 관계이기 때문이다. 누군가 나를 형이라고 부르는 순간, 그 사람은 나를 신뢰하고 의지하고 있다는 뜻이다. 그 호칭은 내가 말 한마디, 행동 하나로 누군가의 삶에 영향을 줄 수 있다는 책임감을 의미한다. 우리는 종종 나이가 많다는 이유만으로, 경력이 길다는 이유만으로 누군가의 형이나 선배가 된다.

그러나 진정한 형은 나이가 아니라,
그 무게를 감당하려는 마음에서 나온다.

형이 된다는 것은 단순히 존중받고 의지 받는 것이 아니라, 그 사람의 성장에 책임감을 느끼고, 그의 길을 비춰줄 수 있는 빛이 되는 것이다. 호칭은 관계를 정의한다. 그러나 그 호칭이 진정한 의미를 가지려면, 그 관계에 걸맞은 행동과 태도가 따라와야 한다.

'부르기 좋아서 형이 아니다.'

그 모든 무게를 감당할 준비가 되었을 때, 그리고 그 책임을 기꺼이 받아들일 때, 비로소 '형'이라는 말이 진정한 의미를 갖는 것이다.

지금 나는 누구와 어울리고 있는가?
나는 어떤 삶을 꿈꾸고 있는가?

누구와 어울리고 있는가?

옛 속담에 이르기를, '현명한 사람과 함께 걷는 자는 반드시 현명해진다.'라고 했다. 당신이 지금보다 더 성장하고 풍요로워지길 바란다면, 당신이 원하는 삶을 이미 살고 있는 사람들, 당신이 꿈꾸는 길을 걷고 있는 사람들과 관계를 맺어야 한다. 이는 단순한 조언이 아니라 당신의 인생을 바꿀 수 있는 중요한 내용이다.

생각해 보자. 지금 당신은 누구와 시간을 보내고 있는가? 혹시 당신의 주변에 자신만의 울타리를 치고 그 안에서 스스로를 위대하다고 자찬하는 사람들이 있지는 않은가? 다른 사람의 의견 및 다른 가능성을 무시하고 '이게 정답이다.'라며 단정 지으며 외면하는 사람들, 부정적이고 비판만 일삼는 사람들, 그리고 불평으로 하루를 채우는 사람들, 만약 지금 당신이 그런 이들과 어울리고 있다면, **당신도 머지않아 그들과 똑같아질 것이다.**

'작은 울타리 속에서 아무리 대단하다고 외쳐도 결국 세상은 그것을 대단하다고 인정하지 않는다.' 진정한 위대함은 넓은 세상에서 스스로의 가치를 증명하는 데서 온다.

'위대한 사람과 함께 있으면, 쉽게 위대해질 수 있다.' 이 단순한 진리가 당신의 인생을 바꿀 수 있다.

성장을 원한다면, 이제부터라도 당신이 맺는 인간관계에 신중해야 한다. 당신 곁의 사람들이 당신을 일으킬 수도, 무너뜨릴 수도 있다. 당신이 독수리처럼 하늘 높이 날고 싶다면, 타조와 어울려서는 안 된다. 하늘 높이 날기 위해선 먼저 그 꿈을 마음속에 품어야 한다. 그리고 독수리가 있는 곳으로 가라. 독수리들의 삶을 관찰하고, 그들의 사고방식과 행동을 배워라. 그들과 같은 시선으로 세상을 바라보며, 그들의 방식으로 날개를 펼쳐라. 독수리가 하늘을 지배하는 이유는 단순히 날 수 있는 능력 때문이 아니다. 그들은 높은 곳에서 내려다보며 세상을 이해하고, 넓은 시야로 기회를 포착하며, 무엇보다 자신의 한계를 짓지 않는다.

당신도 그런 삶을 원한다면, 스스로에게 물어보라.
지금 나는 누구와 어울리고 있는가?
나는 어떤 삶을 꿈꾸고 있는가?

독수리가 되고 싶다면, 독수리처럼 날고 싶다는 꿈을 품고 그 첫 날갯짓을 시작하라. 당신의 새로운 시작은 당신 곁의 사람들을 새롭게 선택하는 것에서부터 시작될 것이다.

'당신은 딱 주변에 있는 사람들 만큼 훌륭해질 것이다.'

능력자들 주변에 머물러라

우리 주변의 사람들은 우리의 성장과 성공에 중요한 영향을 미친다. 단언컨대 당신은 딱 주변에 있는 사람들만큼 훌륭해질 것이다. 더 나은 자신이 되기 위해선 배울 점이 많고 영감을 주는 사람들과 함께해야 한다. 그들의 생각과 행동, 습관을 관찰하며 배울 수 있는 기회를 만들어라. 그들이 어떻게 문제를 해결하고 목표를 달성하는지 보고 자신에게 적용해 보는 것이다.

능력자들 주변에 머무는 방법

온라인 커뮤니티와 네트워크 활용하기. 요즘은 오프라인에서뿐만 아니라 온라인에서도 능력자들과 연결될 수 있다. 관심 분야의 커뮤니티나 그룹에 가입해 그들의 활동을 지켜보고, 질문이나 피드백을 통해 자연스럽게 교류를 시작하라.

멘토 찾기. 자신이 목표로 하는 분야에서 이미 성공한 사람을 멘토로 두는 것은 큰 도움이 된다. 직접 만날 수 없다면 그들의 책, 강의, 인터뷰 등 다양한 자료를 통해 간접적으로 배워라.

소셜 미디어 팔로우. 인스타그램, 유튜브, 등에서 존경하는 능력자들을 팔로우하라. 그들이 공유하는 콘텐츠를 통해 생각과 관점을 배울 수 있다. 특히, 그들이 추천하는 책, 기사, 또는 활동을 눈여겨보라.

오프라인 네트워킹 이벤트 참석. 세미나, 워크숍, 네트워킹 이벤트 등에서 능력자들을 직접 만나보라. 간단한 인사를 나누거나 공통 관심사를 이야기하는 것만으로도 소중한 인사이트를 얻을 수 있다.

배움에 적극적이기. 주변의 능력자들을 따라가려면 배우려는 마음이 중요하다. 그들의 행동과 사고방식을 관찰하고, 자신의 삶에 적용할 수 있는 작은 변화부터 시작하라. 주변에 능력 있는 사람들과 함께 시간을 보내고 그들의 사고방식과 습관을 배워라. 능력자들의 말과 행동에서 힌트를 얻고, 그들이 가는 길을 따라가며 자신의 성장을 이끌어라.

능력자들 곁에 머무는 것은 단순한 우연이 아니라 변화를 만드는 선택이다. 환경이 사람을 만들고, 사람은 환경을 바꾼다. 더 나은 환경 속에서 더 나은 내가 되겠다고 결심하는 순간, 당신의 삶은 달라지기 시작한다.

결국, 당신이 누구와 함께하느냐가 당신이 누구인지 말해준다. 능력자들을 만나고, 그들과 함께하며 그들처럼 성장하기 위해 노력하라. 그렇게 배우고, 경험하고, 성장하다 보면 어느 순간, 당신도 누군가에게 영감을 주는 능력자로 변해 있을 것이다.

팬을 만들고 싶다면
내가 먼저 팬이 되자.

팬의 입장에서 경청하라,

많은 사람들은 누군가의 관심과 지지를 받길 원한다. 하지만 진정한 지지를 받고 싶다면, 먼저 우리가 다른 사람의 팬이 되어야 한다. 누군가 나를 응원해 주길 바라기 전에, 내가 먼저 그들의 이야기에 귀 기울이고 진심으로 반응하는 것이 중요하다. 이 과정에서 우리는 진정한 소통을 경험하고, 깊이 있는 관계를 만들 수 있다.

소통은 쌍방향이다.

누군가에게 인정받고 싶다면, 먼저 그들의 목소리에 귀를 기울여야 한다. 예를 들어, 성공적인 리더는 직원들에게 지시만 내리는 것이 아니라, 그들의 고민과 어려움을 듣고, 그들의 생각을 존중한다. 단순히 말하기보다는 상대방이 느끼고 생각하는 것에 공감할 때 진정한 신뢰가 쌓인다.

내가 먼저 그들의 팬이 되자.

누군가 나를 지지해 주길 바란다면, 내가 먼저 그들에게 관심을 보여야 한다. 동료나 친구가 열정을 쏟고 있는 일에 진심으로 관심을 갖고 응원해 보자. 그들이 성공을 향해 나아갈 때 기꺼이 그 길을 함께 응원하는 자세는 진정한 유대감을 만들어낸다. 내가 먼저 다가가고, 진심으로 지지할 때 상대방도 나를 진심으로 응원하게 된다.

겸손하게 배우고 소통하라.

모든 것을 안다고 생각하지 말고, 언제나 배우려는 자세를 가져보자. 나의 의견만 주장하기보다 상대방의 이야기를 먼저 들으려고 노력해 보자. 그렇게 할 때 우리는 더 깊고 진솔한 관계를 만들 수 있다. 내가 하고 싶은 말이 있다면, 상대방의 필요와 관심을 먼저 이해한 후에 말하는 것이 좋다. 이렇게 하면 상대방도 내 이야기에 더 공감하게 될 것이다.

상대방을 존중하는 태도.

'팬의 입장에서 경청하라.'는 단순히 듣는 것을 넘어서 상대방을 진심으로 존중하는 것을 의미한다. 그들이 소중히 여기는 것을 함께 소중히 여기고, 그들의 생각과 감정에 진심으로 반응할 때 우리도 그들에게 더 깊은 울림을 전할 수 있다.

진정한 관계는 내가 이야기하는 것만으로 이루어지지 않는다. 상대방의 이야기를 듣고 공감하는 데서 시작된다. 내가 먼저 팬의 입장에서 그들을 응원하고 존중할 때, 그들은 진심으로 나를 응원하게 될 것이다. 내가 먼저 다가가고, 내가 먼저 들어주는 것 이 모든 것이 진정한 소통의 시작이며, 진정한 관계의 시작이다.

나의 삶에서 내가 먼저 진심으로 다른 사람의 팬이 될 때, 그들이 내 곁에 머물며 나를 지지하게 될 것이다. 상대방의 팬이 되어 그들의 이야기에 귀 기울여보자.

진심은 진심을 부르고, 그렇게 우리는 서로를 깊이 이해하게 될 것이다.

당신에게는 항상 새로운 기회가 있으며,
그 기회는 바로 새로운 사람들에 의해 만들어진다.

무슨 일 하세요?

강의할 때 자주 하는 말이 있다. '선생님들 미용사 좀 그만 만나세요.' 어차피 선생님들이 미용사로 성공하면 같은 직업의 사람들은 알아서 선생님들을 찾아오게 되어 있다. 그러니 진짜 나를 성장시킬 사람들을 만나러 가야 한다고. 우리는 보통 같은 분야의 사람들과 어울리는 것이 자연스럽고 편하다. 같은 주제, 같은 관심사, 같은 고민을 가진 사람들과 함께할 때 위로를 얻고 안도감을 느끼기 때문이다. 하지만 나는 그 편안함 속에 머물러 있는 것이 오히려 성장의 발목을 잡는다고 느꼈다.

나도 한때는 미용사들만 만났던 시기가 있다. 같은 직업이라는 이유로, 편하다는 이유로, 서로 같은 위치, 같은 상황에서 서로의 마음을 나누다 보니 더 자주 만나게 되었고, 그 만남이 편하게 느껴졌다. 하지만 어느 순간부터 미용사들끼리만 나누는 대화, 업계 안에서만 바라보는 시각은 매일 똑같은 이야기들이 나를 지치게 했고 나에게 새로운 관점을 제공해 주지 못했다. 점점 생각이 작아지고, 미용이라는 틀 안에서만 움직이게 되는 것 같았다. 그때 나는 알게 되었다. 이러다가는 내가 원하는 목표와 꿈을 이룰 수 없겠구나.

그래서 과감히 미용사들과의 만남을 줄이기 시작했다.

그때부터 새로운 사람들을 만날 방법을 고민했다. 내가 무엇에 관심이 있는지, 좋아하는 취미는 무엇인지 스스로 돌아보면서 카페나 동호회를 통해 사람들을 찾아 나갔다. 낯선 사람을 만나는 것이 쉽지 않았지만, 여러 모임에 나가면서부터 다양한 직업을 가진 사람들과 만남이 시작되었다.

그들과의 만남은 처음에는 어색했지만, 내가 미용사라고 소개하면 많은 사람들이 관심을 가졌고, 시간이 지나면서 나도 모르게 마음이 열렸다.

그때 알았다. '미용사라는 직업이 누군가에게는 매우 중요한 존재일 수 있구나!' 미용사라는 직업이 아닌, 미용사 친구를 만들고 싶어 하는 사람들이 많다는 것도 깨달았다. 낯선 곳에 가도 환영받을 수 있는 직업이라는 자부심이 생겼고, 자신감이 붙었다. 그 이후로 사람들과 더 많이 소통하기 시작했다. 그들은 미용에 관한 다양한 질문을 했고, 나는 진심으로 답변해 주었다. 나 또한 그들의 직업에서 궁금한 점을 묻기 시작했고, 서로의 정보를 교류하며 내 사고는 깊어지고 시야는 넓어졌다. 다른 직업군 사람들과의 만남을 통해 미용을 바라보는 내 관점 역시 변화했고, 그로 인해 나의 생각과 행동도 더욱 넓어졌다.

'이런 게 시야가 넓어지고 그릇이 커진다고 하는 거구나.' 하고 느낀 뒤, 지금의 미용 시장을 바라보니, 처음 내가 느꼈던 미용 시장보다 훨씬 작게 느껴졌다. 그때 확실히 깨달았다. 같은 직업군을 만나는 것이 중요한 게 아니구나. 같은 직업의 사람들은 내가 잘되면 자연히 나를 찾아오게 되어 있다. 그렇다면 내가 더 잘 되기 위해서는 나를 성장시켜 줄 새로운 사람들을 만나는 것이 더 중요하다. 그 만남에서 얻는 정보와 아이디어들이 지금의 나를 더 큰 사람으로 만들어 주고 있다. 당신이 현재 어떤 직업을 가지고 있는지는 모르겠지만, 그 직업으로 끝날 것이라 생각하지 말자.

당신에게는 항상 새로운 기회가 있으며,
그 기회는 바로 새로운 사람들에 의해 만들어진다.

우리가 하는 일이나 제공하는 것이 사람들에게 '소비' 가 아닌,
가치 있는 '기여' 로 남을 수 있도록 만들어주자.

우리가 나누는 작은 마음들이 모여,
세상을 움직이는 힘이 될 수 있도록.

무료는 행동을 부르지만,
기부는 마음을 부른다.

많은 사람들은 무료로 제공되는 것을 흔쾌히 받아들인다. 무료 강연, 무료 시식, 무료 체험 등 이런 것들은 처음 발을 내딛게 하고 경험을 시작하게 하는 힘이 있다. 하지만 '무료' 라는 이유만으로는 사람들에게 깊은 의미를 전하기에는 한계가 있다. 무료로 받은 것들은 쉽게 잊히고, 가볍게 여겨지기 때문이다. 행동을 이끌 수는 있지만, 마음에 깊이 남는 울림을 주기엔 부족할 수 있다.

하지만 기부는 다르다. 기부는 단순한 행동이 아닌, 진정한 마음을 담는 행위이다. 돈을 낼 때 사람들은 내가 지불한 그 작은 금액이 어떤 의미를 지니고 있는지, 그로 인해 무슨 가치를 얻는지 되새겨 보게 된다.

예를 들어, 커피 한 잔 값을 기부했더라도 그 작은 금액이 내가 믿고 지지하는 가치와 연결될 때, 우리는 그 순간을 오래 기억하고 소중히 여긴다. 그저 '소비'가 아닌, 내 마음의 울림이 되는 것이다. 만약 당신이 사람들에게 진정한 의미를 전하고 싶다면, 무료로 주기보다는 작지만 의미 있는 기부의 형태로 다가가 보는 건 어떨까?

당신이 제공하는 무언가를 무료로 나눠주는 대신, 작은 기부금 형태로 제공해 보자. 그렇게 주어진 것은 단순한 소유물이 아닌, 그 사람의 마음을 움직이는 가치 있는 투자로 남게 될 것이다.

무료는 사람들의 행동을 이끌지만, 기부는 그들의 마음을 움직인다.

단순한 행동 이상의 의미를 전하고 싶다면, 우리가 하는 일이나 제공하는 것이 사람들에게 '소비' 가 아닌, 가치 있는 '기여' 로 남을 수 있도록 만들어주자.

우리가 나누는 작은 마음들이 모여, 세상을 움직이는 힘이 될 수 있도록,

지켜라, 약속!

그 약속 하나가 당신의 신뢰와 관계를 쌓아줄 것이며,
더 나은 세상으로 나아가는 길을 열어줄 것이다.

지켜라! 약속!

말은 한 번 내뱉으면 되돌릴 수 없다. 그래서 함부로 해서는 안 되고, 지킬 수 없는 약속은 하지 않는 것이 좋다. 사람과의 관계에서 돈이나 명예보다 중요한 것은 신뢰이다. 신뢰가 쌓일 때 비로소 진정한 관계가 시작된다. 나에게도 약속이 얽힌 사연들이 몇 가지 있다. 부모님은 농사를 짓는 것을 취미로 삼고 계신다. 그래서 부모님이 소유하신 작은 땅에 이동식 주택을 지어 드려, 농사를 짓는 일이 조금 더 편해지도록 돕고 싶었다. 나는 열심히 돈을 모아 이동식 주택을 마련해 드리기로 했고, 그 과정에서 허가 문제가 발생했다.

연세가 많으신 부모님께서는 허가 절차를 대신 알아봐 달라고 부탁하셨고, 나는 그 지역의 여러 건축사무소에 전화를 걸어 허가 관련 요청을 하였다. 하지만 대부분의 건축사무소는 이 일이 큰 수익이 되지 않는다고 판단해 맡으려 하지 않았고, 응대마저 성의 없었다.

그러던 중 유일하게 한곳에서 친절하게 상담을 해주었고, 나는 그곳에 허가 진행을 맡기기로 결정했다. 우리는 전화로만 소통했기 때문에 얼굴을 마주한 적이 없었지만, 부모님께서는 건축사무소 소장님 덕분에 허가가 잘 마무리되었다고 하셨다.

시간이 지나 부모님을 찾아뵈었을 때, 부모님께서는 그 건축사무소 소장님이 몇 번이나 직접 찾아와 불편한 점은 없는지 확인하며 안부를 물었다고 말씀하셨다. 단순한 전화로 시작된 인연이었지만, 그 관계를 소홀히 여기지 않고 부모님께 끝까지 신경 써 준 그의 진심에 깊은 감사를 느꼈다. 그래서 나는 소장님께 전화를 걸어 감사 인사를 전한 뒤, 한 가지 약속을 드렸다. '제가 목표로 하는 나이가 됐을 때, 꼭 제가 원하는 집을 지을 겁니다. 그때 소장님께서 저희 집의 디자인 설계와 시공을 맡아주셨으면 합니다. 그리고 마지막에 덧붙였다.

'저는 반드시 그 약속을 지키려고 노력할 겁니다.'
그렇게 약속을 나눈 후, 별다른 연락 없이 시간이 흘러갔다.

그리고 마침내 내가 약속한 나이가 되었을 때, 가족의 이름을 딴 집을 짓기로 결심하고 소장님께 연락을 드려 그 집의 설계와 시공을 의뢰했다. 그렇게 우리의 약속은 지켜졌고, 지금까지도 서로 깊은 신뢰를 주고받는 관계로 이어지고 있다.

또 한 번은 주얼리를 만들고 싶어 검색을 통해 주얼리 제작하시는 실장님을 만나게 되었다. 원하는 디자인을 맡기고 돈을 지불한 뒤 기다렸지만, 시간이 한참 지나도 연락이 오지 않았고, 전화를 해도 응답이 없었다. 마치 속은 것 같은 기분에 화가 나고 마음이 불안해졌다.

실장님께 계속 연락을 해서 화난 감정과 불만을 표현하고 싶은 충동이 있었지만, 그러지 않았다. 당시 만났던 실장님의 인상을 떠올리며, '그분은 그럴 사람이 아니야.'라는 믿음이 내 마음 한편에 남아 있었기 때문이다.

실장님이 연락이 되지 않는 이유가 있을 거라는 생각에, 기다리기로 마음먹었다. 나와 같은 상황에 놓인 다른 사람들은 불만을 표출하더라도 나까지 굳이 불만을 표할 필요는 없다고 느꼈다. 결국, 나는 믿고 기다리기로 했다.

그러던 어느 날, 실장님께 갑자기 전화가 왔다. 그는 어려운 상황에 놓여 연락이 늦어졌고, 약속을 지키고 싶어 나에게 가장 먼저 연락을 했다고 말했다. 또한, 내가 유일하게 화를 내지 않고 기다려준 고객이었다며 진심 어린 감사의 말을 전했다. 그는 내가 원했던 것보다 더 훌륭한 디자인으로 주얼리를 제작해 주겠다고 약속했고, 제품을 받아본 순간 그 고마움과 감동을 느낄 수 있었다.

사람들은 세상에 믿을 만한 사람이 없다고 하지만, 여전히 약속을 지키기 위해 노력하는 사람은 존재한다. 약속을 지키기 위해 최선을 다하는 모습은 진정한 신뢰를 쌓는 기초가 된다. 그 약속 하나로 우리는 더 많은 경험을 하고, 더 나은 삶을 살아갈 수 있다.

지켜라, 약속!
그 약속 하나가 당신의 신뢰와 관계를 쌓아줄 것이며,
더 나은 세상으로 나아가는 길을 열어줄 것이다.

당연함을 당연하지 않게 생각하는 작은 노력들이

결국 깊이 있는 좋은 관계를 만든다.

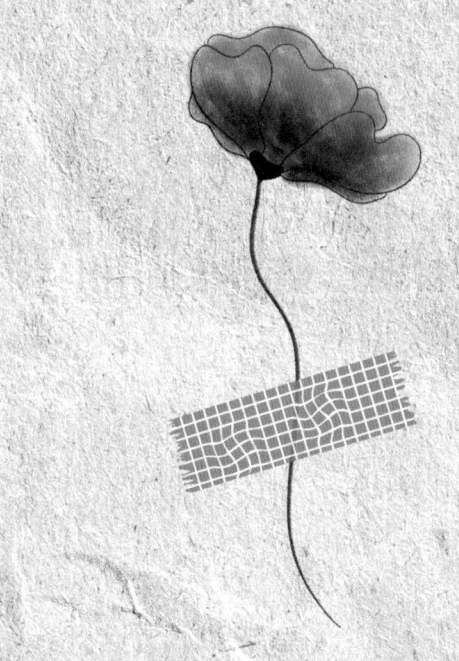

당연하다고 생각하는 순간
관계는 무너진다.

가까운 관계일수록 우리는 상대의 배려를 쉽게 당연하게 여긴다. '이 정도는 이해하겠지', '괜찮겠지'라는 생각이 무심코 자리 잡는다.

하지만 관계에서 가장 위험한 것은 바로 이런 당연함이다. 상대가 나를 이해해 줄 거라는 믿음이 쌓이면, 우리는 그들에게 해야 할 최소한의 예의마저 소홀히 하게 된다. 그러다 보면 작은 오해가 생기고, 그 오해가 쌓여 결국 관계를 무너뜨릴 수도 있다. 누군가와의 관계가 깊어질수록 우리는 자연스레 많은 것을 공유하게 된다. 그 과정에서 상대가 나를 신경 써 주고 양보해 주는 행동을 계속 보게 되면, 그 배려를 특별한 것이 아닌 당연한 것으로 여기게 될 위험이 크다.

그러나 진정한 관계란 당연함 속에서 유지되지 않는다. 작은 배려 하나에도 감사를 표현하고, 상대의 시간과 노력을 존중하는 행동이 쌓일 때 비로소 단단해지는 것이다.

우리는 종종 가까운 사람들에게 더 쉽게 기대고, 더 쉽게 실수를 저지른다. 그리고 그 실수를 그냥 넘어갈 것이라고 안일하게 생각한다.

하지만 그 기대와 배려는 한계가 있다. 아무리 친밀한 사이여도 그 신뢰가 지속되려면 서로가 그 관계를 소중히 여긴다는 신호를 꾸준히 보내야 한다. 그것은 아주 작은 행동이나 말에서도 드러난다. 상대가 내게 보내는 작은 배려를 결코 당연하게 여기지 않는 태도가 바로 그 신호다.

관계는 의외로 쉽게 무너진다. 특히 가까운 사이일수록 한 번의 방심이 오래된 신뢰를 단번에 흔들 수 있다. 그렇기 때문에 더 조심해야 한다. 상대의 호의나 노력을 '괜찮겠지'라며 넘기지 말고, 내가 받은 만큼 어떻게 다시 돌려줄 수 있는지를 항상 생각해야 한다. 관계의 유지와 발전은 말이나 행동 하나하나가 쌓여 이루어진다. 그 작은 순간들을 소중히 여기지 않는다면, 관계는 언젠가 균열을 보일 수밖에 없다.

당연하다고 생각하지 않는 순간, 관계는 비로소 단단해진다.

상대의 배려에 감사를 표현하고, 필요한 순간에는 적절한 예의를 지키며 그 신뢰를 관리해야 한다. 이런 태도가 습관이 될 때 우리는 소중한 관계를 오래 유지할 수 있다.

당연함을 당연하지 않게 생각하는,
작은 노력들이 결국 깊이 있는 좋은 관계를 만든다.

'누군가의 한계가 당신의 한계가 되어서는 안 된다.'

성장을 막는 그림자

당신의 성장을 가로막는 가장 큰 적은 멀리 있지 않다. 어쩌면 그것은 당신 가까이에 있을지도 모른다. 때로는 과거에 머물며 새로움을 거부하는 선배나 스승이 그 그림자가 될 수 있다. 그들은 자신만의 방식과 기술을 절대적인 기준으로 삼으며, 당신에게도 그 틀 안에 머물기를 강요할 수 있다.

물론, 선배와 스승은 우리가 처음 길을 시작할 때 큰 도움을 준다. 그들의 경험과 가르침은 우리의 출발선에서 소중한 길잡이가 된다. 하지만 세상은 끊임없이 변화하고, 기술과 접근 방식 또한 계속 새로워지고 있다. 이 변화 속에서 과거의 가르침을 발판 삼아 더 나아가는 것은 당신의 몫이다.

'누군가의 한계가 당신의 한계가 되어서는 안 된다.'

성장은 과거의 틀을 존중하면서도, 그것을 넘어서는 데서 시작된다. 아무리 훌륭한 가르침이라도 그것이 당신의 성장을 제한한다면 그 틀을 벗어나야 한다. 존중과 발전은 공존할 수 있다. 그들의 지혜를 소중히 여기면서도, 새로운 길을 향한 도전은 당신의 선택이다.

우리는 종종 새로운 것을 배우려 할 때 저항을 마주한다. '지금 이대로도 충분하다.' 거나 '굳이 바꿀 필요가 없다.'는 말은 당신을 혼란스럽게 만들고, 새로운 시도를 주저하게 한다. 하지만 진정한 성장은 익숙함에 머무르지 않고 끊임없이 배움과 변화를 선택하는 데 있다.

'진정한 성장은 현재의 한계를 넘어서는 데 있다.'

때로는 당신이 존경하던 사람들조차 당신의 성장을 막을 수 있다. 그들은 자신들의 방식을 옳다고 믿으며, 당신이 그 틀 안에 머물기를 원할지도 모른다. 그러나 당신의 성장은 당신의 것이다. 새로운 길을 선택하고 도전하는 것은 당신의 권리이며, 그 과정에서 당신은 더 넓은 가능성을 발견할 수 있다.

성장은 과거를 부정하는 것이 아니라, 그것을 기반으로 더 나은 방법을 찾아가는 과정이다. 선배와 스승은 우리의 출발을 도와주는 중요한 존재지만, 그들의 방식에 얽매이지 않고 스스로의 길을 찾아 나설 때 비로소 우리는 성장한다.

'스승과 선배의 가르침은 출발선일 뿐이다. 당신의 성장은 그 선을 넘어 새로운 길을 찾아가는 데 있다.'

당신의 길을 선택하라. 누군가의 틀 안에 갇히지 말고, 스스로의 가능성을 믿어라. 새로운 것을 배우고, 도전하며, 성장하라. 당신의 성장은 오직 당신의 의지와 선택에 달려 있다.

'다른 사람의 인생에 개입하기 전에,
먼저 자신의 모습을 돌아보라.'

때로는 침묵이 가장 큰 조언이다.

양날의 검, 조언 (助言)

우리는 살아가면서 누군가에게 조언을 건넨다.
가르쳐 준다는 마음으로, 도움을 주고 싶다는 이유로 쉽게 말을 내뱉는다.

하지만 그 한마디가 누군가의 가능성을 닫아버리고, 틀이라는 감옥 속에 가둘 수 있는 행동이라는 것을 인지해야 한다. 경험이 많다는 이유로, 나이가 많다는 이유로, 혹은 더 많이 알고 있다고 믿는 이유로 우리는 조언을 강요하곤 한다. 그러나 조언이라는 이름 아래 행해지는 말들이 상대방의 자유를 앗아갈 수 있다는 사실을 기억해야 한다.

누군가에게 무엇인가를 말하기 전에 스스로에게 물어야 한다.

나는 정말 잘하고 있는가?
나는 이런 말을 할 자격이 있는 사람인가?
내가 이런 말을 하는 이유는 그 사람의 성장을 진심으로 바라서인가,
아니면 나와 똑같은 사람이 되기를 바라서인가?

조언은 칼과 같다. 사용하기에 따라 사람을 성장시키는 도구가 될 수도 있지만, 그를 상처 입히고 한계를 심어주는 무기가 될 수도 있다. 당신의 말 한마디가 상대방의 생각을 틀에 가두고 자유를 앗아가진 않을지 되돌아보아야 한다. 누군가가 도움을 요청하지 않았다면, 그 사람의 인생에 개입하기보다 한발 물러나 스스로 길을 찾을 수 있도록 믿어주고 기다려주는 것.

상대방이 스스로 고민하고, 실패하고,
다시 일어설 수 있게 묵묵히 지켜봐 주는 것,

그것이 진정한 존중이며, 가장 큰 도움이다.

다른 사람의 인생에 개입하기 전에, 먼저 자신의 모습을 돌아보라.
때로는 침묵이 가장 큰 조언이다.

마치 햇살이 스며들듯, 마음을 다독
여주는 힘이 있다.

그 힘은 당신의 길을 다시 확신하며
걸어갈 수 있도록 도와줄 것이다.

다시 일어서는 힘

우리는 누구나 자신의 일에 대한 확신이 흔들리는 순간을 마주한다.
교육을 하면서도, 문득 이런 생각이 들 때가 있다.

이 방식이 정말 옳은 걸까?
내가 하는 교육이 정말로 누군가에게 도움이 되는 걸까?
혹시 나 혼자만의 착각에 빠져 있는 건 아닐까?

자신의 길에 대해 스스로 질문을 던지다 보면 어느 순간 불안과 의심이 밀려온다. 의심은 곧 스스로를 작아지게 하고, 자신감을 흔들리게 만든다. 이런 부정적인 감정들이 계속 이어지다 보면, 내가 하고 있는 모든 것이 가치 없는 것처럼 느껴질 때도 있다. 하지만 그럴 때마다, 마치 햇살이 스며들듯, 마음을 다독여주는 힘이 있다.

바로 내가 가르쳤던 분들이 남겨주신 따뜻한 후기와 감사의 문자이다. 한 번은 교육을 마친 선생님께서 보내주신 메시지가 있었다. 그 말 한마디가 얼마나 큰 힘이 되었는지 모른다.

사실 강의를 하다 보면, 때로는 비판이나 부정적인 평가도 받는다. 그러나 그 순간에도 이전에 받았던 따뜻한 응원의 메시지들이 내 마음을 지탱해 주는 버팀목이 된다.

이들은 단순한 피드백이 아니다. 그 안에는 내가 걸어온 길과 노력의 흔적이 담겨 있다. 그래서 나는 가끔씩 그 소중한 후기를 모아두고, 힘들 때마다 꺼내 본다.

그러면 자연스럽게 초심이 되살아나고,
마음속 깊은 곳에서 새로운 에너지가 샘솟는다.

칭찬은 그냥 지나가는 말이 아니라, 누군가에게는 다시 일어설 수 있는 커다란 힘이 된다. 그렇게 받은 작은 격려와 감사의 말들이 모여, 나는 매일 더 나은 사람이 되기 위해 노력할 용기를 얻는다. 그러니 누군가가 당신에게 전한 진심 어린 칭찬을 소중히 간직하자.

그리고 언제든 격려가 필요할 때 꺼내 보자.
당신의 길을 다시 확신하며 걸어갈 수 있도록.

유행은 바뀌어도, 사람의 마음은 남는다.

좋은 사람이 되고, 기억하는 사람이 되어 기억되는 사람이 되어보자.

그것이 당신과 사람을 연결하는 첫 번째 길일지도 모른다.

난 당신을 기억합니다,

나는 지금까지 카핑컷 교육을 하면서 많은 사람들을 만나왔다. 교육을 받은 사람도 있지만, 문의만 주고 아직 교육을 받지 않은 사람들도 있다. 그런 사람들이 문의만 주고 갔더라도, 나는 그들을 기억하려고 노력한다. 그 사람들이 내 교육을 받을지, 아니면 나와 다른 무언가를 이루게 될지는 알 수 없지만, 그 인연을 소중히 여기는 것이 내 방식이다. 이렇게 사람을 기억하는 것의 중요성을 깨닫게 해준 경험이 하나 있다.

예전에 카핑컷 교육을 하던 시절, 강의실 근처에 자주 가던 쌀국수집이 있었다. 솔직히 말하면, 그곳에 특별히 가야 할 이유는 없었다. 그 지역은 번화가가 아니어서 음식점이 많지 않고, 선택할 수 있는 옵션도 거의 없었기 때문에 그 쌀국수집을 자주 찾았던 것이다. 그곳은 노부부가 운영하셨는데, 솔직히 말해 음식 맛도 그리 뛰어나지 않았다. 하지만 어쩔 수 없이 자주 가게 되었다.

몇 번 가다 보니 불편한 점이 생겼다. 나는 말을 많이 하는 직업이라 양파를 피하는 편이고, 숙주도 좋아하지 않아서 사장님께 요청을 드렸다.

'사장님, 저는 양파를 잘 안 먹어요. 대신 단무지를 주시면 좋겠고, 숙주도 빼주시면 감사하겠습니다.'

그 후 다시 방문했을 때, 사장님은 제 요청을 기억하고 양파와 숙주를 빼고 음식을 내어주셨다. 나는 사장님이 내 요청을 기억해 주신 것에 대해 감사했지만, 그것은 장사를 하는 사람으로서 기본이라고 생각했다. 그래서 특별히 깊은 인상을 받지는 않았다.

시간이 흘러, 나도 강의장을 근처 다른 곳으로 옮기게 되면서 그 쌀국수집에 더 이상 가지 않게 되었다. 걸어서 갈 수 있는 거리였지만 특별히 맛있지도 않았고, 더 이상 갈 이유가 없었기 때문이다.

그러던 어느 날, 오랜만에 예전 강의장 근처를 방문할 기회가 생겨 그 주변을 돌아보던 중, 놀랍게도 그 쌀국수집이 여전히 그대로 있었다. 솔직히 내 기준에서는 맛이 없던 가게가 여전히 운영되고 있다는 사실이 신기했다. 궁금한 마음에 다시 들어가 보았다. 인테리어도 그대로였고, 일하시는 노부부도 변함없으셨다. 달라진 건 오히려 살도 찌고 머리도 길어진 나였다.

예전에 늘 주문했던 음식을 시켰다. 음식이 나오자, 예전처럼 양파와 숙주가 그대로 나왔다. 솔직히 시간이 많이 흘렀기 때문에 사장님이 나를 기억하지 못하는 것은 당연하다고 생각했다.

그런데 음식을 먹으려고 하는 순간, 사장님이 다가오셨다.
'맞죠? 전에 저쪽 건물에 계셨던 분, 죄송해요, 바빠서 깜빡했네요. 양파 안 드시고, 숙주도 좋아하지 않으시잖아요. 바로 다시 만들어드릴게요.'

그 말을 듣는 순간 나는 깜짝 놀랐다. 그렇게 오랜 시간이 흘렀는데도 이분이 나를 기억하고 있다는 사실이 믿기지 않았다. 그래서 물어봤다.

'사장님, 저를 기억하세요? 시간도 많이 흘렀고 제 모습도 많이 변했는데요.'
그러자 사장님은 이렇게 말씀하셨다. '우리 나이에 장사하는 사람은 이런 거라도 잘해야죠. 우리가 할 수 있는 건 이런 거밖에 없으니까요.'

그 순간 나는 깨달았다. 이분들은 단순히 장사를 하는 것이 아니라, 고객 한 사람 한 사람을 기억하고, 그들이 불편하지 않게 노력하는 마음을 잊지 않고 있었던 것이다. 음식을 한 입 먹어보니, 그 맛이 정말 놀라울 정도로 좋아졌다.

너무 맛있었다. 난 순간 그 이유를 알 것 같았다. 이분들은 고객이 남긴 작은 피드백 하나하나를 기억하고, 그것을 바탕으로 음식의 맛을 개선해 오셨을 것이다. 그렇게 기억하고 소통하면서, 쌀국수집의 맛도, 그 가게의 매력도 달라져 갔던 것이다. 그때 나는 가게 입구에서 눈에 띄는 문구를 발견했다. '하루에 150명분 이상은 판매하지 않습니다. 미리 육수가 소진될 수 있으니 양해 부탁드립니다.' 한때는 맛이 없다고 생각했던 쌀국수집이었지만, 그 순간 그 가게가 변했다는 것을 알 수 있었다. 현재는 그 작은 가게가 성공하여 2호점까지 오픈했다고 한다.

사람을 기억하고, 그 사람이 필요로 하는 것을 채워주는 것은 결국 진심으로 이어진다. 당신이 무언가를 팔고 있다면, 당장 구매하지 않더라도 그 사람을 기억하자. 그리고 그 사람이 다시 돌아왔을 때 자신 있게 말하자.

'난 당신을 기억하고 있습니다.'

그 작은 기억 하나가 당신의 진심이 되어 상대방의 마음을 움직일 것이다. 사람의 말과 행동을 기억하고, 그들을 위해 노력하는 모습은 결국 당신의 팬을 만들고, 그들이 당신과 함께 성장할 수 있는 기회를 만들어 줄 것이다.

유행은 바뀌어도, 사람의 마음은 남는다.

좋은 사람이 되고, 기억하는 사람이 되어 기억되는 사람이 되어보자. 그것이 당신과 사람을 연결하는 첫 번째 길일지도 모른다.

나는 항상 믿어왔다.

그 한 명의 힘을.

그 한 명이 결국 내 운명을 변화시키고,
나아가 나의 세상을 변화시킬 것임을.

한 사람의 힘

우리는 흔히 거대한 변화는 다수의 참여에서 시작된다고 생각하지만, 진짜 변화를 만드는 힘은 의외로 단순하다. 그것은 바로 단 한 사람, 내 진심을 온전히 받아들이는 그 한 사람에게서부터 시작된다.

내가 카핑컷 교육을 시작했을 때, 단순히 커트 기술만을 가르치지 않았다. 카핑컷은 고객이 미용실에 들어오면서부터 나갈 때까지의 모든 과정을 다룬다. 먼저 고객의 입장에서 고객을 이해하는 것에서 시작한다. 그리고 그들이 원하는 스타일을 만들어내기 위한 기술력, 그 안에 새로움을 더하는 디자이너의 눈을 키우는 법, 고객과의 관계를 유지하는 방법까지 포함된다. 교육안에서 디자이너가 원하는 기술은 중요하지 않았다. 우리가 만족시켜야 하는 대상은 오로지 고객이었기 때문에, 고객이 원하는 기술을 가르치기 위해 노력했다.

이렇게 카핑컷 교육은 고객을 이해하는 것에서부터 시작되었다. 이 과정을 진행하면서 나는 깨달았다. 내 이야기를 듣는 사람들 중에서 모든 이가 그 메시지를 받아들이는 것은 아니었다. 어떤 이들은 내 이야기를 흘려듣고, 어떤 이들은 아예 듣지 않았다. 하지만 그중에서 내 말을 온전히 받아들이는 단 한 명이 있었다. 그 한 명은 나의 이야기를 자신의 것으로 만들고, 자신의 삶에 적용하며 변화해 갔다.

나는 그 한 명을 위해 교육을 계속했다. 왜냐하면 그 한 명이야말로 내 운명을 바꿀 수 있는 존재라는 믿음이 있었기 때문이다.

'한 사람을 만족시킬 수 있다면 지금 그 행동을 하는 것이 맞다.'

나는 지금까지 이 믿음 하나로 카핑컷 교육을 이어왔다. 많은 사람을 만족시키기 위해 노력하기보다는 단 한 사람의 만족을 위해 하기 싫은 일도 마다하지 않았다. 한 명을 위해 노력하고, 한 명의 만족을 위해 내가 할 수 있는 모든 것을 했다. 이 과정에서 나는 알게 되었다. 한 명이 또 다른 한 명으로 이어지는 사람과 사람의 연결고리가 변화의 물결을 만든다는 것을, 여기서 중요한 것은 속도보다 방향이다. 변화는 천천히 다가오고, 때로는 결과를 확인하기까지 오랜 시간이 걸릴 수도 있다. 하지만 방향이 옳다면 결국 그 변화는 이루어진다.

나는 항상 믿어왔다. 그 한 명의 힘을,
그 한 명이 결국 내 운명을 변화시키고, 나아가 나의 세상을 변화시킬 것임을.

내가 카핑컷 교육을 이어갈 수 있었던 이유도 바로 여기 있다. 모든 사람을 만족시키려는 욕심이 아니라, 단 한 명을 위한 행동이 결국 더 많은 변화를 가져온다는 믿음이었다. 이 믿음이 나를 10년 넘게 이 길을 걸어오게 했다.

'단 한 사람을 위한 진심, 그 한순간의 울림이 우리를 변화시킨다.

당신이 지금 하고 있는 일이 작게 느껴질지라도, 그것이 단 한 사람에게라도 닿았다면 이미 큰 변화를 만든 것이다. 당신이 전한 가르침, 당신이 보여준 행동, 당신이 준 영감 그 안에서의 대화가 그 한 명을 통해 세상에 더 큰 울림을 전할 것이다. 그러니 절대 포기하지 말라. 당신의 이야기를 듣는 그 한 명이 결국 당신의 운명을 바꿀 것이다.

결국, 모든 변화는 한 명의 힘에서 시작된다.

HERO

'히어로는 특별한 사람이 아니라, 특별한 선택을 하는 사람이다.'

히어로가 나타났다.

살다 보면 누구도 예상하지 못한 순간이 찾아온다. 갑작스럽게 닥쳐온 위기일 수도 있고, 서서히 스며드는 어려움일 수도 있다. 잘나가던 사람도, 탄탄했던 회사도 하나의 사건으로 인해 흔들리기 시작하고, 때로는 회복할 수 없는 지점에 이르기도 한다. 삶은 우리가 예측할 수 없는 방향으로 흘러간다. 그 안에서 우리는 때로 무력함과 혼란을 느낄 수밖에 없다. 나 역시 그런 위기를 겪은 적이 있다. 예상치 못한 일로 팀원들과 함께 운영하는 회사가 흔들렸고, 그로 인해 팀 분위기마저 침체되기 시작했다. 모두가 지쳐 있었고, 무언가를 바꿔보려는 시도조차 하지 못하던 순간이었다.

그런데 그 순간, 뜻밖의 변화가 찾아왔다.

평소에는 적극적이지 않았던 한 팀원이 완전히 다른 모습으로 나타났다. 그는 기존의 모습을 벗어나 강한 의지와 책임감으로 문제를 해결하려 나섰고, 그의 용기 있는 행동은 침체된 팀 분위기를 서서히 바꿔놓았다. 그가 보여준 행동은 작은 희망의 불씨가 되어 팀원들의 마음을 움직였고, 서로를 믿고 다시 나아갈 용기를 만들어냈다. 변화는 언제나 작은 행동에서 시작된다. 그의 한 걸음은 팀 전체를 단단하게 만들었고, 모두가 같은 방향으로 움직이게 했다. 중요한 것은 혼자가 아닌 함께라는 사실이었다.

'혼자는 무너질 수 있지만, 함께라면 무너짐 속에서도 길을 찾을 수 있다.'

이 경험을 통해 나는 중요한 깨달음을 얻었다. 모든 것을 혼자 해결할 수 없다는 사실이었다. 그래서 팀이 필요하다. 팀이란 단순히 같은 목표를 공유하는 사람들이 아니라, 서로를 믿고 지지하며 어려움을 극복하는 관계다.

팀은 각자의 역할을 존중하면서도 모두가 한 방향으로 나아가는 힘이다. 예상치 못한 상황 속에서 가장 큰 힘이 되는 것은 서로를 향한 신뢰와 용기다. 팀은 강한 개인들의 집합체가 아니라, 서로의 부족함을 메워 더 나은 결과를 만들어내는 공동체. 어려움은 누구에게나 찾아온다. 그 어려움을 극복하기 위해 가장 필요한 것은 바로 팀이다.

'진정한 히어로는 평범한 사람이 비범한 선택을 할 때 나타난다.'

히어로는 특별한 능력에서 비롯되지 않는다. 단지 한 발 더 내딛는 용기와 모두를 위해 손을 내미는 행동이면 충분하다. 평소에는 조용했던 사람도, 리더처럼 보이지 않았던 사람도 중요한 순간에 모두를 움직이는 중심이 될 수 있다. 그 행동은 단순히 자신을 위한 것이 아니라, 모두를 위한 작은 용기와 실천에서 나온다.

'위기는 영웅을 만들고, 영웅은 또 다른 희망을 만든다.'

위기 속에서도 팀을 위해 움직이는 한 사람, 그가 바로 히어로다. 그의 용기는 팀 전체를 새로운 길로 이끌고, 모두가 같은 방향으로 나아갈 때 상황은 점점 나아지기 시작한다. 어려움 속에서 한 사람의 작은 걸음이 모두를 움직이고, 불가능해 보였던 일을 가능하게 만든다.

'히어로는 특별한 사람이 아니라, 특별한 선택을 하는 사람이다.'

당신도 언젠가 예상치 못한 순간에 히어로가 될 수 있다.
그리고 당신의 용기는 누군가를 변화시키고,
그 변화는 또 다른 기적을 만들어낼 것이다.

지금 당신의 작은 선택이 누군가에게 빛이 되고,
모두가 함께 이겨낼 수 있는 힘이 될 것이다.
히어로는 멀리 있는 누군가가 아니다. 바로 당신일 수 있다.

쉽게 말해버리는 약속, 진실을 왜곡해 얻는 찰나의 성공,
그리고 그 속에서 흔들리는 자신의 가치.

진실은 시간을 이기고,
끝내 사람들의 마음속에 깊이 자리 잡는다.

진실(事實)

세상을 살다 보면 우리는 종종 진실과 거짓의 경계에 서게 된다. 그 경계는 날카롭고 혼란스럽다. 때로는 손쉽게 얻을 수 있는 유혹적인 선택 앞에서 우리의 내면이 시험받는다. 거짓은 단기적인 성공을 약속하며 손을 내밀지만, 그 끝에는 언제나 공허함과 후회가 자리한다. 반대로, 진실은 더디고 어려운 길을 제시하지만, 그 길을 걷는 자만이 얻을 수 있는 흔들리지 않는 기반과 깊은 신뢰를 남긴다.

거짓은 종종 화려한 포장지로 우리의 눈을 사로잡는다. 겉으로는 유능하고 매력적으로 보이지만, 그 중심에는 신뢰를 배신하는 치명적인 결핍이 자리한다. 거짓은 순간의 이익을 위해 모든 것을 희생하지만, 시간이 지나면 그것이 쌓아 올린 성은 모래처럼 무너진다. 반대로, 진실은 처음에는 초라하고 느리게 보일 수 있다. 그 과정은 더디고, 때로는 손해를 감수해야 할 때도 있다. 그러나 진실은 시간을 이기고, 끝내 사람들의 마음속에 깊이 자리 잡는다.

살면서 나 또한 선택의 기로에 서야 했던 순간이 있었다. 더 빠르고, 더 쉽게 성과를 낼 수 있는 방법이 눈앞에 있었고, 약간의 과장만으로 원하는 결과를 얻을 수 있을 것 같았다. 하지만 그 길을 택한다면 단기적인 이익을 얻는 대신 스스로를 잃게 될 것이라는 사실을 알았다. 진실된 태도를 포기하면 겉으로는 모든 것을 얻는 것처럼 보이지만, 결국 가장 중요한 자신의 본질과 신뢰를 잃게 된다.

'진실은 시간이 지나도 변하지 않지만, 거짓은 언젠가 빛을 잃는다.'

진실된 삶은 단순하지 않다. 때로는 오해를 낳기도 하고, 더 많은 시간과 노력이 필요하다. 그러나 진실은 언제나 당신을 올바른 자리로 이끈다. 그것은 사람들의 마음을 움직이고, 신뢰를 쌓아가며, 당신의 가치를 높이는 가장 강력한 힘이다. 진실로 다져진 기반은 결코 무너지지 않는다. 사람과의 관계에서도 진실은 모든 것의 시작이자 끝이다. 거짓으로 쌓아 올린 관계는 언젠가 무너진다. 하지만 진실로 다져진 관계는 그 어떤 어려움 속에서도 흔들리지 않는다. 신뢰는 단순히 말로 얻을 수 있는 것이 아니다. 그것은 진실된 행동과 일관된 태도를 통해 서서히 쌓이는 것이다.

'신뢰를 얻는 데는 시간이 필요하지만, 잃는 데는 단 한순간이면 충분하다.'

우리는 매일 선택의 순간에 선다. 쉽게 말해 버리는 약속, 진실을 왜곡해 얻는 찰나의 성공, 그리고 그 속에서 흔들리는 자신의 가치. 하지만 기억하라. 당신의 말과 행동이 곧 당신 자신을 대변한다. 거짓은 결코 당신을 지켜주지 못하지만, 진실은 시간이 지나도 당신의 곁에 남는다. 사기와 진실의 경계에서 어떤 선택을 할지는 오로지 당신에게 달려 있다. 당신의 삶은 당신이 선택한 진실로 채워질 때 가장 빛난다.

'진실은 시간이 지나도 잊혀지지 않는다. 그것은 당신의 가장 강력한 자산이다.'

당신이 지금 어떤 선택 앞에 서 있든, 진실을 택하라. 그것이 더디고 험난한 길일지라도, 결국 그것만이 당신을 지켜줄 것이다. 거짓의 가벼운 유혹에 흔들리지 말고, 진실이 남긴 자리를 소중히 여겨라. 그것이 당신의 삶을 단단히 세우는 유일한 길이다.

'진실은 무겁다. 그러나 그 무게가 당신을 세우고,
당신이라는 사람을 정의한다.'

자신의 기가 약하다고 생각하지만,

실제로는 모르는 사이에 주변 사람들에게 영향을 주는

'기존쎄' 일 수 있다.

기존쎄 테스트
' 나는 기가 쎈 사람? '

많은 사람들이 자신의 기가 약하다고 생각하지만,
실제로는 모르는 사이에 주변 사람들에게 영향을 주는 '기존쎄' 일 수 있다.

이 기존쎄 테스트는 당신이 정말 기가 센 사람인지,
주변 사람들에게 어떤 영향을 미치고 있는지를
확인해 볼 수 있도록 돕기 위한 재미있는 체크리스트이다.

누군가에게 부정적인 영향을 주는
기존쎄가 되지 않기 위해 한번쯤 점검해 보는 건 어떨까요?

자, 아래 체크리스트로 시작해 보자.

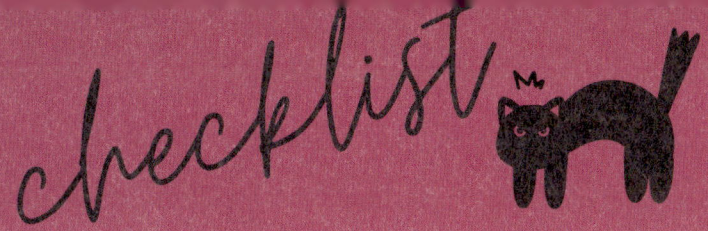

 기.존.쎄 체크 리스트
아래 항목에서 자신에게 해당한다고 생각하는 것에 체크해보세요.

○ **만나고 나면 다들 기운 빠진 표정?**
대화를 끝내고 나서 사람들이 기운이 빠져 보이거나 피곤해 보이는 경우가 많다.

○ **내가 말할 땐 다들 눈을 돌리는 것 같아.**
내가 말을 시작하면 상대가 자꾸 다른 곳을 보거나 눈을 자주 피하는 것 같다.

○ **내 이야기가 항상 80% 이상?**
대화가 시작되면 내 이야기를 하는 비율이 항상 많고, 상대의 이야기는 가볍게 넘긴다.

○ **내가 좋아하는 주제로만 대화해야 직성이 풀린다.**
내 관심사나 좋아하는 주제 외엔 관심이 없고, 다른 주제가 나오면 흥미를 잃는다.

○ **상대가 자꾸 자리를 피하려는 듯?**
상대가 시간이 없다고 하거나 자리를 빨리 떠나는 느낌을 받을 때가 많다.

○ **내 감정 쓰나미에 다들 휩쓸리는 느낌?**
내 감정이나 힘든 얘기를 할 때, 상대가 더 무거워지고, 대화가 끝나면 모두가 잠잠해지는 분위기가 된다.

○ **내 얘기를 안 들어주면 좀 서운하고 답답함.**
상대가 내 얘기를 잘 안 들어주거나 피드백이 부족하면 서운함이 느껴지고, 뭔가 답답해진다.

○ **내가 항상 조언자의 입장이라 생각한다.**
대화를 할 때, 상대방보다 내가 더 많이 알고, 조언을 줄 입장이라고 생각하는 경우가 많다.

테스트 결과

- **5개 이상 체크**

  축하한다! 당신은 숨겨진 '기존쎄'일 확률이 높다. 주위 사람들이 당신과의 대화 후에 종종 지친다고 느낀다면, 대화 중에 잠깐 멈추고 상대방의 반응을 살펴보자. 듣기 모드로 전환하거나 상대의 이야기에 좀 더 집중해 보는 것도 좋은 방법이다.

- **3~4개 체크**

  당신은 약간의 기존쎄 기운을 가지고 있을 수 있다. 조금만 더 주의를 기울여 대화를 나눈다면, 긍정적인 영향을 줄 수 있을 것이다. 상대가 즐겁게 대화를 이어갈 수 있도록 관심을 나눠보자.

- **0~2개 체크**

  당신은 매우 긍정적이고, 기운이 좋은 사람일 가능성이 크다! 주위 사람들에게 좋은 에너지를 전해주고 있다. 이 상태를 계속 유지하면서 사람들에게 긍정적인 영향을 주는 멋진 사람이 되어주자.

기,존,쎄 퇴치 꿀팁

- **내 이야기의 비율 조절**

  대화 중에 내가 말을 너무 많이 하고 있는 것 같다면, 의식적으로 상대방에게 질문을 던지고, 그들의 이야기를 들어보자.

- **상대방의 표정 살피기**

  대화 도중 상대방이 피곤해 보이거나 반응이 뜨뜻미지근하다면 잠시 멈추고 대화를 가볍게 바꿔보자.

- **가끔은 침묵도 OK!**

  상대가 반응할 시간을 주고, 말이 없을 때도 편안하게 여기는 여유를 가져보자.
  기존쎄 테스트는 단순한 재미 요소이지만, 이를 통해 당신이 사람들에게 주는 영향을 알아볼 수 있다. 조금만 주의를 기울이면 사람들에게 긍정적인 에너지를 줄 수 있는 당신이 될 수 있다.

변화적 관점

성장은 타인에게 보여주기 위한 것이 아니라, 온전히 나를 위한 것이다.

당신의 오늘이 어제의 당신보다 단 1%라도 더 나아질 수 있다면,

그것은 이미 변화의 시작이다.

모든 과정은 자기 자신을 위한 것이며, 모든 성장의 시작은 어제의 나를 뛰어넘는 것이다.

우리 삶에서 가장 의미 있는 도전은 타인을 이기는 것이 아니라, 과거의 나를 뛰어넘는 데 있다. 성장은 철저히 나 자신을 위한 과정이며, 새로운 것을 배우고, 도전을 받아들이는 모든 선택은 결국 미래의 나를 위한 투자이다.

누군가 나에게 새로운 기술이나 방법을 배우고 싶다고 찾아올 때, 그 사람은 단순히 기술만 배우려는 것이 아니다. 그들은 어제의 자신을 넘어 더 나은 자신이 되기 위한 의지로 찾아오는 것이다. 그들의 내면에는 과거의 한계를 극복하고 자신을 새롭게 써 내려가고자 하는 결심이 담겨 있다.

나 역시 미용이라는 길을 걸으며 수많은 시행착오를 겪었다. 때로는 내가 잘못된 길로 가고 있는 것이 아닌가 하는 두려움에 사로잡힌 적도 있었다. 하지만 그러한 두려움과 실수 속에서 나는 한 가지를 분명히 깨달았다. 진짜 성장은 실패와 마주하고, 그 속에서 나만의 길을 찾아가는 과정에서 이루어진다는 것이다.

이러한 경험들은 결국 내가 '카핑' 이라는 새로운 교육 시스템을 만들어가는 데 밑거름이 되었다. 나는 미용이라는 분야를 넘어, 이 방식이 다양한 영역에서 응용될 수 있다는 가능성을 발견했다. 창의적이고 새로운 방식으로 자신을 표현하고 싶은 사람, 일상 속에서 작은 변화를 꿈꾸는 사람, 또는 업무에서 새로운 도전을 시도하고 싶은 사람 모두에게 이 방법이 영감을 줄 수 있을 것이라 믿는다.

'성장은 스스로에게 줄 수 있는 가장 큰 선물이다.'

나는 많은 사람들이 스스로에게 질문을 던지고, 변화와 성장을 향한 첫걸음을 내딛기를 바란다. 결국, 성장은 타인에게 보여주기 위한 것이 아니라, 온전히 나를 위한 것이다. 당신의 오늘이 어제의 당신보다 단 1%라도 더 나아질 수 있다면,

그것은 이미 변화의 시작이다.

'변화는 불확실한 미래를 향한 용기의 또 다른 이름이다.'

지나고 나면

지나고 나면 모든 것이 선명해진다.

한때는 견디기 힘들었던 순간들, 이해되지 않았던 선택들, 그리고 끝이 보이지 않던 고민들이 시간이 흐르면서 하나의 그림이 되어 나타난다. 지금 우리가 느끼는 혼란과 불안은 결국 우리를 더 나은 방향으로 이끄는 과정일 수 있다.

변화를 거부하는 건 쉬운 일이지만, 그 변화 속에서 얻는 가르침은 우리를 완전히 다른 차원으로 이끈다.

삶은 마치 퍼즐과 같다. 눈앞의 조각만을 바라볼 때는 아무 의미도 없어 보인다. 하지만 시간이 지나고 나면 그 조각 하나하나가 치밀하게 짜인 전체 중 일부였음을 깨닫게 된다.

성공도, 실패도, 기쁨도, 슬픔도, 모두가 중요한 한 조각이다. 어떤 조각이 없었다면 지금의 그림은 완성되지 않았을 것이다.

'변화는 불확실한 미래를 향한 용기의 또 다른 이름이다.'

우리는 종종 변화를 두려워한다. 익숙함이 주는 안락함에 머무르고 싶어서, 실패할까 봐 두려워서 발걸음을 멈춘다. 하지만 진정한 용기는 실패를 두려워하지 않는 것이 아니라, 실패 속에서도 한 발 더 내딛는 것이다.

변화는 멀리 있는 것이 아니라, 오늘의 선택 속에 있다. 지금 당신이 내리는 작은 결정이, 당신이 걸어가는 평범한 한 걸음이, 결국 당신의 삶을 바꿀 것이다. 변화는 거창한 선언이 아니라, 매일 조금씩 나아가려는 의지다.

'모든 끝은 새로운 시작을 의미한다.'

지나고 나면, 오늘 당신이 느끼는 모든 불확실함이 가장 큰 자산이었음을 알게 될 것이다. 그리고 그때 비로소, 당신이 나아갈 길을 스스로 찾게 될 것이다.

이 책을 덮는 이 순간,
당신의 변화가 시작되는 순간이며,
당신의 삶이 새롭게 써지는 순간이다.

COPYING THE BEGINNING OF CHANGE 변화의 시작

초판1쇄 인쇄 2025년 2월 1일

지은이 남궁원
디자인 장서하 / 박시도
펴낸곳 룬샷스튜디오

출판 등록 2025 2월 1일
주소 (03947) 서울특별시 마포구 월드컵북로 179, 2층 2003
대표번호 070-8691-2891

ISBN 979-11-979068-5-5   03600

이 책의 판권은 출판사와 저자에게 있습니다.
책 내용의 전부 또는 일부를 사용하려면 출판사와 저자의 동의를 받아야 합니다.